U0065652

給中學生的專題寫作術

文—謝其濬
漫畫—漢寶包
協力指導—陳安儀&安儀多元寫作班

給中學生的專題寫作術

目錄

企劃緣起

從十三歲開始，培養面向未來的關鍵能力！

文／親子天下董事長兼執行長　何琦瑜

寫給讀這本書的少年們：

打開這本書的你，可能每天被考不完的試、寫不完的功課，或總是背了又忘、忘了又要背的課本，霸占了多數的青春時光。也或許你看穿一切，根本已經放棄；或是你正在學校裡打混，想辦法在老師和父母所給的壓力夾縫中求生存。不論如何，偶爾在你發呆、打手遊、看Youtube的餘暇中，或是埋首功課煩悶的夜晚，一定曾經想過：這一切，所為何來啊？白話翻譯就是，我現在花這麼多時間做的事情、學的這些東西，到底以後，是可以幹嘛的呢？

如果你腦海裡曾經閃過這個「大哉問」，恭喜你，這代表你開始對自己的未來有所想像和期許！如果你試圖主動思考、想要安排規劃「你的人生」

（而不是你爸爸媽媽交代而勉強去做的喔），那麼這個系列「從十三歲開始」，就是為你準備的。

學校沒有教，卻更重要的事

你對自己的未來有什麼夢想和期許？想當畫家或歌手？銀行家或老師？或是你根本沒想那麼遠，只想變瘦一點讓自己更有自信，或是想要多交朋友讓自己更快樂；也許你希望英文變好一點可以環遊世界，或是可以更有效率的通過考試念到好高中或大學……，不論那個「未來」是遠是近，是什麼樣的圖像，只要你想要「改變」什麼，「完成」什麼，你就已經開始學習，為自己的人生掌舵。就像開飛機或開車，你得要先經過駕訓班，裝備一些開車開飛機的基本概念、操作技術和能力認證，才能上路；「掌舵」你自己的未來，也需要裝備一些「關鍵能力」，能夠幫你更快實現夢想、達成目標、真正負起責任，並取得別人的授權與信任。

這些必須裝備的「關鍵能力」包含：

- 認識自己的長處和優勢、懂得為自己設定方向的目標力
- 計畫、改善、行動的執行力
- 獨立思考、解讀判斷的思辨力
- 用文字和口語，論情說理、表述清晰的溝通力
- 與他人相處、合作、交往的人際力

【十三歲就開始】是陸續往這些關鍵能力發展成書的系列。書裡面沒有「老人的教訓」，而是幫助你上路的「使用說明」。因為我相信，開始讀這本書的你，一定是個極有主見，而且時時想要讓自己更好的讀者。你聽的嘮叨夠多了，我們不必多加贅言。所以，我們替你綜整各方各派有用的方法和工具，深入了解這個年紀開始碰到的「痛點」，提供具體的「行動方案」。書裡各式各樣發生在生活裡的難題和故事，也幫助你提前想一想：如果換做我是主角，面對同樣的兩難，我會怎麼做？

這個系列中各書的主題，都是你馬上用得到，生活裡就能馬上練習的能

力。有時間和心力的話，你可以照表操課，不斷演練改進。若沒有餘裕，也可以讀一讀書，找到一、兩個適用的工具或提醒，謹記在心，潛移默化的向目標前進。

有些大人認為，少年人都沒有韌性和毅力。我不相信這個說法，相信你也不會服氣。【十三歲就開始】這個系列，就是希望能陪伴有志氣的你，務實做好面對世界、面對未來的準備。讓你有信心的說：「相信我，我做得到！Yes I can !」

專家推薦

寫作，是二十一世紀人人必備的基礎技能

文／安儀多元寫作班　陳安儀

過去，口說的語言能力，是人人必備的基礎技能。一個能言善道的人，在求學、工作、事業、人際、婚姻等等道路上，總是占盡便宜，事半功倍。因此，舌燦蓮花的說話技巧，往往成為到達金字塔頂端不可或缺的能力之一。

然而，我認為未來網路世界的風行，即將改變這一個競爭生態。寫作能力，將替代口語能力，成為人人必備的基礎能力。透過網路、手持電子產品的普及，文字的魅力，將會比口語、演說更為重要。

大家可以看到，在過去一百年來，人類文盲的比例，一直迅速降低；而網路世界的影響力，則是無遠弗屆的擴大。因此，可以想見在未來的世界裡，無論看新聞、找資訊、買東西、交朋友……倚靠文字的機會，都將越來越多。

因此，如何言簡意賅？如何表情達意？如何細膩描繪？如何辯論說

理？……就成了成功與否很重要的關鍵。想想看，一個連一封簡單的信都寫不出來的人，要如何擔當起一家公司領導人的重責大任？一個連報告都寫不清楚的學者，要如何讓大家折服於他的研究理論？一個連留短訊都語意不清的人，又如何購買東西、與人溝通？就連在網路聊天室裡，一個言語乏味、錯字連篇的傢伙，恐怕也很難得到有氣質水準的俊男、美女的青睞吧？

所以，寫作，絕對是未來很重要、人人都要具備的技能。而且，學習寫作的目的，並不在於要你成為一個大文豪，也不是要你成為一個大作家。基本的寫作技巧，重點在於能夠「描述精準」、「傳達感受」、「邏輯清楚」、「條理分明」，並且「熟練快速」。

這一切並不太困難。但是，也千萬不要以為，寫作無需練習，只要多讀，就會寫——這是標準錯誤。就好像一個廚師，光是熟讀食譜，絕對不可能煮出美味的食物！寫作除了平日要多觀察、多體會、多閱讀、多練習之外，也有一些小小的技巧，需要掌握。

在這本書中，我從歷年教授寫作的經驗裡，整理出許多有效的小撇步，相信小讀者讀完後，一定會受益不少！

第1章 觀念篇

寫作力，鍛鍊你的文字表達力

每到了作文課時，你的反應是什麼？

很開心，因為自己最喜歡寫作文了？或者是開始愁眉苦臉，因為寫作一向不拿手，即使快要把筆桿咬斷了，仍然寫不出一行字？

喜歡寫作的人雖然不少，不過，會把寫作文當成苦差事的人，恐怕還是占了多數。

如果，你是屬於後者，當你看到有人總是可以寫出生動流暢的文章，你的想法是什麼？

一、有人天生文筆好，我就是天生文筆差，沒藥救啦。

二、反正我以後又不當作家，文筆好不好，有什麼關係。

三、我相信透過學習和練習，自己應該也可以寫出還不錯的文章。

如果你選的答案是一，代表你認為文筆是一種天賦，如果先天就沒有這樣的才華，不管再怎麼努力，文章還是寫不好。

如果你選的答案是二，代表你認為只有作家才需要文筆，只要日後不當作家，就不必面對寫作方面的要求。可是，真的是這樣嗎？

如果你選的答案是三，代表你認為，除了先天的才華，後天的練習對於寫作能力的提升，也會帶來幫助。

的確，很多人擁有「上帝的彩筆」，似乎不需要太多的練習，輕輕鬆鬆就能完成一篇精采的文章；不過，靠著後天的學習、練習，讓自己文筆變得流利的人，其實也不少。

那麼，你知道怎麼培養寫作能力嗎？平常的日記、讀書心得、作文怎麼寫才能夠幫助你表現更出色？而未來會大量需要的「專題報告」，又該怎麼寫呢？

什麼是寫作力？

寫作力，就是文字表達的能力，不論是寫日記、讀書心得、作文，或是日後將面臨的專題報告，都必須仰賴你的文筆，將自己的所思、所感，具體化為清楚、可讀的文字。

培養寫作力不只是希望你能「在五十分鐘內，寫出題材新穎、結構完整、並綴以成語或修辭的文章」，而且希望能幫助你培養判斷、分析題目，以及發展想法、表示意見、說服他人等等能力，這所有的過程，最後都需要透過文字來呈現。

身為一個國中生，哪些方面需要使用寫作力呢？

- ☑**寫日記**。
- ☑**寫讀書心得**。
- ☑**寫作文**。
- ☑**寫專題報告**。
- ☑**寫部落格**、**臉書**。
- ☑**寫書信**、**卡片**、**請假單等**。

由此可見，這幾乎包含了你日常生活中，抒發心情、記錄事件、課業、交友等所有面向。

為什麼要培養寫作力？

寫作力，並不是作家的專利；事實上，生活中任何需要用文字溝通的地方，都需要運用到寫作力。如果你無法有效的用文字跟他人溝通，很容易因為文字上使用不當，造成誤解或溝通上的障礙。

除了課業上的需要，未來，當你進入社會，不論是寫工作報告、企劃書、商業書信，甚至是請假單，幾乎處處都用得上寫作力。因此，寫作力的優劣，也將影響你的工作表現。

此外，身處在網路時代，人與人之間，更是多半透過文字來溝通、交流；如果你能夠把文章寫得

清楚、流暢，就會吸引更多人來幫你按「讚」。未來，不論你使用哪一種網路平臺發言，文字都將成為你的最佳利器。

按部就班培養寫作力

寫作力是一種綜合能力，包括了「寫什麼」、「怎麼寫」，以及「怎麼寫好」三個層面；每個層面都可以透過具體的方法、步驟，反覆演練，進而培養成能力。

在這本書中，你將可以透過以下幾種方法，養成不同層面的寫作力。

- **透過寫日記，培養觀察力。**
- **透過寫讀書心得，學習發表意見。**
- **透過寫作文，學習發展想法、學習撰寫不同類型的文章與段落的安排。**
- **透過專題報告，學習報告寫作格式、收集資料技巧、寫作技巧。**

學習面對「讀者」

既然寫作力的目的是表達與溝通，透過不同文類的寫作，除了學會怎麼寫的技巧，最重要的是讓你能學會面對你的「讀者」。

每一個寫作的過程，都會有位「讀者」，不管這位讀者是老師、同學甚至是自己，心中設定一個講話的對象，時時刻刻想著：這樣他能理解嗎？這樣他有興趣往下讀嗎？讀後他能知道以前不知道的事情嗎？透過自己與讀者不斷對話，再針對文章不斷修改，日後你一定能擁有超強的文字表達力。

使用本書的方法：

本書特別列出中學生最容易遇到的八大痛點，提供簡單、可行的解決方案。

每個痛點的解說都包含了：

每一則痛點會先以漫畫故事開場，讓漫畫人物先帶領你找出問題點。

漫畫故事之後，先想一想平常遇到這樣的問題，你會怎麼做？

進一步解說痛點形成的原因，找出真正問題的所在。

說明解決該問題的觀念與方法。

提供可行好用的小撇步，改善痛點，並且可以讓你運用在實際的作業中。

條列出章節重點，你可以重溫概念，也能更加清楚要改善的重點。

每個單元都提供了延展練習，幫助你將這些專題寫作的技巧，運用得更為熟練。

最後一個單元是情境習作，這是一個綜合性的練習遊戲。透過情境設定，請你運用前面學到的行動方案來執行，看你的應用指數有多高？

使用本書時，你可以按照順序，從第一單元進行到第八單元；如果你很清楚自己的問題點，也可以直接從你覺得有幫助的問題點，開始研讀。

漫畫人物介紹

接下來的每一個單元，都會由這幾位可愛的漫畫人物來帶領你找出專題寫作的問題點，他們每個人都有一些困擾，找找看誰的問題點跟你最相近，跟著他們一起解決這些惱人的小麻煩吧！

彥鈞

班上的錯字大王，不太喜歡看書，最喜歡看電視。寫作的時候經常文句不通，邏輯錯誤。

銘宏

熱愛讀書的男孩子，個性沉穩，文章也寫得不錯，但有一個罩門，就是害怕跟陌生人講話。

靖潔

從小就是作文比賽的常勝軍，到現在也一直都有上作文家教班，但這麼會寫作的靖潔，也有自己的困擾。

很有教學熱忱的導師，年輕活潑，但總是被同學的日記與心得搞得哭笑不得。

約四十歲，身材高瘦，戴副黑框眼鏡，一副弱不禁風的樣子，教學認真，但也經常被同學搞得一個頭兩個大。

約十五歲，比這些學生們都大一點的女幽靈。因為被趙彥鈞陰錯陽差的放出來，為了報答他而因此跟著他。個性豪爽，寫作很有一套。

寫作力是能力，而且可以透過具體的方法、步驟來養成。

寫作，並不是作家的專利；生活中任何需要用文字溝通的地方，都需要運用到寫作力。

越來越多的大學科系，將「專題報告」列為入學的測試項目之一。如果你文筆不錯，在專題報告上表現出色，也會比別的考生更具優勢。

在網路時代，人與人之間，多半透過文字來溝通、交流。你越能掌握寫作力，表示你將更具吸引力。

痛點 1

每天都過得一樣，不知道日記該寫什麼……

利用寫日記
記錄生活片段，
好處多多喔！

學校
各位同學，現在把日記本發下去。
大家這個禮拜也要認真寫日記喔！

彥鈞同學
你的日記有點傷腦筋喔，昨天只寫：「我的心情很好。」
前天寫：「我的心情很好。」
你整個禮拜都只寫：「我的心情很好。」

那是因為，我的心情真的很好啊。
哈
哈
哈
哈
哈
哈

這樣不行喔，彥鈞同學，每天都要寫出不一樣的感想。
啊~~~

彥鈞家

唉~~~
真麻煩……天天都要寫日記，

哪裡來那麼多事情可以寫啊？
你可以寫今天回家路上打破人家花瓶的事啊。

我又不是故意的，花瓶幹嘛放在地上啊……
妳……妳是誰啊？跑到我房間來做什麼？
呵呵，別害怕。
本姑娘叫做李欣欣，是要來拯救你的喲！
竟……竟然飄在半空中……
你不習慣我也可以坐下來啦！
降下
不是這個問題吧!?
天啊，你的房間還真髒亂，不能打掃一下嗎？
唉唷，藏在書包裡的餅乾都發霉了！
不要亂動我的東西啦！

我說你啊……
日子明明過得很精采，怎麼會沒有東西可以寫進日記？
你今天不是邊走邊踢罐子，砸破了廟前一個古花瓶，
還被廟公罵了一頓？這可以寫進日記裡啊。
你想害我被我媽罵嗎？
來不及了啦！
那個廟公現在就在樓下門口，和你媽媽說話喔……
趙彥鈞，你幹了什麼好事？給我下來！
看吧！
媽呀！我怎麼那麼倒楣啊！

THINK

如果你是彥鈞，你會怎麼做？

1. 把「今天心情很好」改成「今天天氣很好」。
2. 把日記寫成流水帳，記錄一整天的行程、作息。
3. 每天都努力瞎掰一個故事出來。
4. 認真找一找每一天不同的事件寫。

如果你選擇的是一，那麼想當然耳，還是不符合日記的精神，沒有解決每天都寫得差不多的問題。

如果你選擇的是二，這樣的日記，從早寫到晚，看起來，好像每件事都提到了，但是，仔細看看，每件事都只是點到為止，缺乏有趣的記憶點，以後重新再看這一天的日記，你對於這一天，也不會有什麼深刻的印象。

如果你選擇的是三，那麼你寫的就不是日記，而是一本故事創作了。

如果你選擇的是四，那麼你很有可能寫出真實記錄自己生活與感想的日記，但你知道怎麼樣才能每天有題材，擺脫「空洞、貧乏、千篇一律」的煩惱嗎？

為什麼要寫日記？

很多人把寫日記當成一件苦差事，但其實寫日記是有很多好處的。

1. **日記可以幫助我們記憶**：很多事情發生了，久而久之我們就會忘記，寫在日記中，可以提醒我們不要忘記。

2. **日記可以鍛鍊我們的文筆**：寫作就是要靠無止盡的練習，日記可以當作每天練習的工具，每天寫對於寫作技巧的進步很有幫助。

3. **日記有抒發心情的作用**：跟唱歌、跳舞一樣，日記也有抒發心情的功能。日記是很個人的記錄，你可以詳實記下你心裡的感受，例如你今天在學校發生了不如意的事情，跟同學吵架了，回家以後，你就在日記寫下：「今天跟同學陳小呼吵架了，陳小呼真的很不應該，我對他這麼好，他卻恩將仇報，太可惡了……」在日記裡盡情寫下不滿的情緒，能幫助你的心情平復下來，達到抒發的效果。

4 日記具有省思的功能：如果你認真寫日記，就會記錄下每一天發生的事情，日後當你再回頭看自己的日記時，對於某些事情也許就會有不同的想法。像是上面的例子，你跟陳小呼吵架很生氣，在日記裡記錄下來，過幾天卻發現這是誤會一場，當你再看到吵架那天寫的日記時，就會覺得自己可能有些地方太衝動，或者有需要改進的地方，這就是日記的省思功能。

雖然寫日記有以上這些好處，但是你知道日記到底要怎麼寫？有哪些內容可以寫進去日記裡嗎？

兩步驟，打擊日記題材貧乏症

1 寫日記的好素材

每天寫日記最大的痛苦在於，每天好像都過得一樣，到底有什麼好寫？以下的五大類主題，可以幫助你克服寫日記的最大罩門。

1 事件類

可以記錄一天當中有趣的事情、特殊的事件等，像是校園裡月考的情形、或者有同學打架、校外教學等。家裡有親戚來訪、家人生日、旅遊等，各種能讓你產生感想的事件，都可以作為日記的題材。

2 心情類

指的是描述自己心情的狀態與變化。例如：今天一早醒來，天氣很差，你就感覺憂鬱，不想出門，或者一大早就被媽媽罵，出門又遲到，到學校又一整個不順，你覺得自己真倒楣等等。把這種心情的狀態與過程寫下來，也會是一篇好的日記。

3 新聞類

如果今天過得非常平淡，心情也不好不壞，真的沒什麼特別的事情，這時，你就可以看看新聞，從中找題材。國家大事、社會案件到社區裡的小事，只要你有感覺的新聞，把新聞內容記錄下來，再加上自己的感想，就是一篇豐富的日記了。

4 心得類

今天你看的書、電影，或者聽到一句話、看到一幅畫等，或者課本中的文章，課堂上老師講的內容，都可以作為你日記的題材。你可以把日記當作一種小型的讀書心得來寫。

5 生活類

當你實在想不出題材的時候，你可以指定一件生活中的物品，像是電腦、手機、家中的寵物、玩具盒、生日卡片等。或者找一個日常的行為，例如：洗澡、洗碗、吃飯、甚至是寫功課的這件事情，都可以作為你寫日記的題材，當你設定好一個目標之後，仔細觀察它，從外表、物品的來歷、行為的特色等等來描述，最後你一定會對它有了不同的想法跟感受。

6 人物類

人物可能是你的同學、你的鄰居、開雜貨店的老阿伯、甚至是新聞人物、偶像明星等等，都可當作你的主題，針對他們特殊的點，例如對面的大哥哥每天晚上到了八點一定會開始練吉他，每天彈奏的曲子都不一樣，他的演奏讓你聯想到什麼？有什麼感觸？覺得很棒還是很吵？或是他的勤奮練習給你什麼啟發？這些都可以寫進日記裡。

2 寫日記的好方法

日記是一種篇幅很小的文章，尤其現在學校裡的小日記，字數大約也都不會超過一百個字。但寫日記好處多多，如果要開始寫日記，還是會建議篇幅可以比小日記多一些，至少在三、五百字以上，這樣也會比較好發揮。

一篇日記，我們可以分成兩個部分來寫：

1 內容

內容：所謂的內容，也就是我們前面提到的五大主題。當你從中挑選一個主題，例如：你選了事件類，你要寫的事件是今天打掃時有同學掃出一隻老鼠寶寶的事件，那麼，在第一個部分，就要針對這個事件進行記錄與描述。如果你選的是新聞類，例如：校園生態池被破壞，再也聽不到蛙鳴的事件，你就要先把這件事的重點寫清楚。

如果你不太知道怎麼找出重點，可以利用5W1H來幫你簡單整理出來。例如：你今天想寫去參加反核遊行的這件事，你可以參考下表這樣做：

利用 5W1H 來分析

What	參加什麼事件？	反核大遊行
Who	參加的人是誰？	我跟陳小呼，還有很多反核的各界人士
Where	地點在哪裡？	凱達格蘭大道
When	時間是何時？	2013 年 3 月 9 日下午三點
Why	為什麼要參加？	因為核四很危險，核災很恐怖，所以要去遊行請政府重視這個議題。
How	怎麼參加？過程如何？	先去凱達格蘭大道集合，然後跟著反核的遊行隊伍遊行、喊口號表達訴求。

依據5W1H列出這些點之後，再經過整理與鋪陳，你的第一段內容就會非常充實了。但在敘述事件時，**要特別注意，不要變成按照發生順序記載的流水帳**。

不管是日記還是其它文類，每一種文章的字數都有限，你要問自己哪些事情最值得說？最有趣？就像你在跟同學聊天一樣，如果你只是按照順序的說，你去哪裡、然後去哪裡、然後做了什麼、最後回家了，這樣同學不是覺得太冗長，看得不耐煩，就是覺得很無趣。寫日記也一樣，不需要按照順序完整交代過程裡你做的所有事情，只要挑出你覺得最精采的事件來記載與敘說就可以了。

2 感想與情緒的描寫：當你決定挑選某個主題作為日記的題材，你一定對這個主題有一點想法。在描述完事件之後，就要針對這個事件寫下你心中的感受。

例如：「老鼠雖然可怕，但是老鼠寶寶看起來那麼嬌弱、那麼無辜，卻不小心被害怕的同學踩到而一命嗚呼，我還是覺得很傷心……」忠實記錄下自己的感想與情緒，你也會發現你對生活有了更多的感覺。

雖然日記是記載自己發生的事情，能夠真實記錄實際發生的事件當然是很理想。不過也有一些作家，他們會把日記當作是一種創作，每天寫日記的時候，就將自己的文思泉湧記載下來。也有一些人會利用日記當作自己天馬行空的想像王國，每天寫下一則故事，這些事件未必發生，人物可能也不真實，但卻能增添平凡生活中的想像力，也是一種另類的日記。

讓日記加分的小技巧：啟動你的五感觀察力！

其實，每個人的生活都差不多，為什麼有些人就是能寫出很有內容的日記？差別就在於你對於身邊的人、事、物，是否具備觀察力。一個擁有觀察力的人，能夠從不同的角度來觀察事物，一般人平日中視而不見的事物，都能成為他寫作的題材。不僅如此，他還能將這些事物描寫得很精采。

要擁有這樣的能力並不難，關鍵就在於你是否有超強的觀察力。你可以透過以下三種技巧來幫助你：

◆五感九宮格法

讓我們利用「五感九宮格法」，來進行觀察力訓練。首先，在白紙上畫出一個像42頁的九宮格。接下來，在九宮格中心，寫下你要觀察的主題，比方說，下雨天。

接著，請你從視覺、聽覺、嗅覺、味覺、觸覺等不同角度，去觀察下雨天的學校、街道，或是家中的院子，然後把你的觀察記錄在其中的五個格子上。剩下來的兩格，則交給你自由發揮，比方說，你可以觀察下雨天時，路上的交通有什麼變化？忘了帶傘的人，有什麼反應？最後一格，則是觀察自己，在下雨天時，心情有什麼改變，是變得開心了，還是變得悶悶不樂，為什麼呢？

觀察的對象，可以是人（家人、老師、同學）、事（運動會、颱風來了）、物（籃球場、巷口的麵包店）。除了文字之外，你還可以使用數位相機、錄音筆去記錄影像、聲音。如果你經常進行這種觀察力的訓練，慢慢的，你就會發現自己對於周遭事物的感受力變得敏銳了，寫日記時，也不會因為想不出題材而發愁了。

◆五感單一感受法

這也是一個運用五感來訓練觀察力的方法，不同的是，每一次你只使用一種感官。例如，坐在教室裡，閉上

範例：觀察對象——下雨天

視覺：透著雨水洗過的玻璃窗，窗外的景色帶著迷濛的美感。	**聽覺：**上學時，雨滴落在傘上，發出轟隆轟隆的響聲。	**嗅覺：**雨天中的老教室，散發濃濃的霉味。
味覺：濕冷的天氣，很想要喝一杯熱騰騰的熱可可。	**下雨天**	**觸覺：**伸手去碰觸掛著小雨珠的杜鵑花，摸起來冰冰涼涼。
搭公車上學時，路上交通變慢了，車子走走停停，乘客們一直看著手錶，很怕自己會遲到。	很多沒帶傘的人，只好躲在屋簷下，等待雨停。還是有人不想等，在大雨中狂奔，結果淋成了落湯雞。	下雨天時，不但又濕又冷，路上也容易塞車，造成上學遲到，所以我還是比較喜歡晴天。

你的眼睛，打開你的耳朵，仔細聽，你能聽到多少聲音？或者，在餐廳裡，把專注力放在你的嗅覺上，你能聞到多少種氣味？這些氣味帶給你什麼感受？透過這樣不斷的練習，你的觀察力會提高，你的形容能力會變強，還會具有更多的寫作創意。

◆動作拆解法

這也是你每天可以練習的活動。每天你可以找一個動作來練習，看你能拆解成多少動作。例如：起床這個動作，你可以從聽到鬧鐘開始記錄，從床上起來到真正下床，這個過程中總共做了多少動作。你可以嘗試挑戰自己的極限，盡可能寫下最多的分解動作，透過這樣的練習，你的描寫功力也會大大的進步！

寫日記，不需要把一天所有的事情都記錄下來，只要選擇精采事件來描述即可。

運用五大主題法，來幫你克服寫日記的題材貧乏之症。

寫日記要內容與感想兼具，不要一句話帶過感想。例如：不要只寫「我覺得很好玩」，要進一步解釋「為什麼好玩？」、「如何好玩？」，才能增加文章的豐富性。

觀察力的訓練，可以幫助你找到更多日記題材，也能讓你的日記寫得更出色。

延展練習

1

利用「五感九宮格法」，介紹自己的房間。

2

想想看，你所居住的城市（或鄉鎮），最有趣的地方在哪裡？哪些地方的氣味最特別？哪裡的建築物色彩最豐富？

3

從圖書館或是網路上，找出一幅名畫，想想看，你該怎麼描述它？

寫讀書心得時，

不知道該寫什麼……

平常多練習寫心得，
不只能增加摘要整理的能力，
文筆也會進步喔！

閱讀課

各位同學，
大家從這裡，挑一本喜歡的書來讀吧！

銘宏
（很愛閱讀）
哇！這是我一直想看的小說！

彥鈞
（不怎麼愛閱讀）
薄一點……薄一點……
嗯，這本旅遊書夠薄。

靖潔
我看這本。
我選這本。
什麼？
其他人好像看不到她，也聽不到她。
看完你們手上挑的書，每個人都要寫一份五百字的讀書心得。
PO到老師的臉書讀書心得粉絲團喔。

啊啊啊～～～～～～～～～～～～～～～？！

讀後心得很難寫耶……
老師
還要PO上臉書給大家看，我覺得好丟臉喔。
咦？這是什麼神奇的東西啊？
要寫心得耶……銘宏，你那麼大一本光看完就不知道要花多少時間了。
你的那本旅遊書也不見得比較好寫吧。

我每次都覺得書很好看，可是心得寫完開頭就寫不下去了。
我光是寫書的介紹，就超過字數了，根本寫不完啊。

而且有時候根本看不懂內容在寫什麼，要怎麼寫心得啊？
所以你要學學我，先挑簡單的書。
再隨便掰！

上次我PO的那篇心得，有很多人按讚呢！

你一定沒看老師給你的留言吧？
……

老師粉絲頁
150 人說讚 · 150 人正在討論這專頁
這位同學，你分享的書明明是海角七號，為什麼書籍簡介會有海賊王????
沒看書的胡謅可是不行的喔！
你·得·重·寫！
50 個人都說讚
小時前
唉唷！
不是都有海嗎？

THINK

寫讀書心得時，你有什麼困擾？

1 像靖潔一樣，無法寫出簡潔的大意。

2 跟銘宏一樣，寫完大意，無法寫出想法或回應。

3 跟彥鈞一樣，連書的內容都看不太懂，所以沒有想法，只好亂掰。

看完一本書，把內容整理成大意，並發表你的感想或回應，就是讀書心得。乍看之下，好像很簡單，然而，對很多人來說，寫讀書心得卻是一件很頭痛的事。

靖潔的問題在於不知道大意的格式，很容易就寫得落落長無法收尾，也沒有重點。而銘宏的問題則是不知道怎麼產生心得，讓想法透過筆尖具體表達出來。彥鈞的問題最嚴重，因為對書無感，當然無法寫出心得。

以上這三點都是在寫作讀書心得時很容易遇到的問題，特別是心得的產生更是寫讀書心得時最容易遇到的困擾。

那麼這些問題有什麼方法可以克服？讀書心得到底又該怎麼寫呢？

為什麼要寫讀書心得？

讀書心得可以說是一種訓練，目的在培養自己對某本書產生想法，發展觀點，最後訴諸文字記錄下來。當你學會這樣的能力，甚至在看完電影、看完畫展，同樣能用這樣的方式寫下評語，讓自己成為一個有感的人，也能與其他人分享自己的想法和感受。

那麼寫讀書心得還有哪些好處呢？

1 **留下閱讀的記錄**：讀完一本好書，可能在當下有很強烈的感受，但是時間久了，記憶也會模糊了；把你的讀書心得寫下來，以後也容易反覆溫習。如果你有寫讀書心得的習慣，長久累積下來，你將可以看到自己的閱讀軌跡。

2 **幫助自己讀書更深入**：一本書如果沒讀完，或是只有一知半解，很難寫出有內容的讀書心得。因此，寫作讀書心得也是一種測試自己有沒有把書讀懂的好方式。

3 **抒發心得**、**與他人交流**：如果，你看完了一本書，心裡有很多想法，你可以寫成讀書心得，跟其他人交流。如果你寫得很有興趣，未來甚至可以朝向書評家發展。

4 **訓練文筆**：跟寫日記一樣，寫讀書心得也有助於訓練文筆，特別是意見表達的能力。

兩步驟，輕鬆寫好讀書心得

1 內容大意寫作練習法

內容大意的目的，是為了讓讀者對這本書的內容有一個大致的了解。但是很多人在寫大意的時候，很容易一不小心就寫得落落長，其中的原因就在於你不知道這本書的重點何在，以及該如何呈現。

接下來，是可以幫助你學習抓出書本重點，掌握大意的「遞減練習法」。

當你要寫出大意的時候，你可以這樣做：

1. 請用10句話告訴讀者，這個故事的內容。

2. 請用5句話告訴讀者，這個故事的內容。

3. 請用3句話告訴讀者，這個故事的內容。

平常時間你也可以透過日常的情境來做這樣的練習，例如：當你要跟朋友分享你去某遊樂區旅行的過程，你會怎麼說？

1. 如果你有十分鐘可以談這件事，你可能會把過程講得很詳細，從出發、搭車、到達目的地，一直到回程，都交待得很清楚。

2. 如果，你只有五分鐘可以談這件事，你會刪除哪些細節？講哪些重點？

3. 最後可以再縮短時間，如果，你只有一分鐘可以談，你該怎麼一句話講出精采之處？

在這個練習的過程中，你會發現必須不斷的斷捨離，才能在很短的篇幅裡把大意寫出來，無形中你就會學到，哪些東西可以丟掉，哪些才是需要保留的重點。這就是寫作大意時最重要的技巧。

2 心得產生法

讀書心得寫得很痛苦，或者總是寫不好最大的原因有兩個：第一個是無感，你對這本書沒有感覺。但你是不是真的沒有感覺呢？還是只是你沒有發現？第二個是有感，但無法描述出來。

如何才能克服寫作讀書心得的窘境，你可以透過下面六個提問幫助你找到方法。

1 **你喜不喜歡這本書，為什麼**？

當你挑選某一本書作為你的讀書心得報告的素材時，表示這本書應該有某些吸引你的元素。如果是一本被指派閱讀的書，讀完以後你也可以忠實的寫下自己喜不喜歡。最重要的是，你要說出理由。例如：你讀完某本遊記，你覺得喜歡，因為裡面描述的食物都很好吃；或者你不喜歡，因為旅遊的照片拍得不精采，你想要多了解當地的生態環境，但這部分的訊息很少等等。只要你說得出理由，不管是什麼，都會對你的心得寫作有幫助。

2 你最喜歡哪個段落？章節？主角人物？為什麼？舉例說明。

閱讀的時候，讀到有趣或者喜歡的片段，你可以標註下來。等你要寫心得的時候，就可以適當的引述這個段落。如果你對故事中的某個人物很喜愛，也可以記錄到心得裡，但你要舉例說明，為什麼你喜歡這個人物。以《哈利波特》為例，你看完了這本書，如果你最喜歡的是石內卜教授，你就要說明為什麼你最喜歡他，也許是因為他亦正亦邪，雖然好像處處都在與哈利波特為敵，但實際上卻是在保護他等等，甚至可以引用以他為主的某些片段來佐證，這些都可以豐富你的心得寫作。

3 這本書最讓你印象深刻的是什麼？為什麼？

這個令你印象深刻的點，不管是因為你很嚮往或者是覺得很悲慘，都可以寫；找出這個段落，清楚說明你的理由。例如：「看完《十三歲的新娘》，令我印象最深刻的是書中對印度點心的描寫，作者生動的描述讓每一樣點心看起來都非常可口，我甚至可以感受到餅皮的Q彈與點心的香甜，讓我嚮往不已……」

4 你覺得這本書想要告訴你什麼？

這個部分其實就是指書中的主旨。每個人對同一本書可能會有不同的看法，這也是寫讀書心得的目的，就是找出這本書想要對你訴說的東西，將你的看法表達出來。同樣一本《哈利波特》，有人覺得「哈利波特要告訴我的是魔法世界的美好」；也有人覺得，「這本書要告訴我們的是人要有勇氣」。

5 如果你是書中的主角，你會怎麼做？

這也是找出讀書心得的好方法；化身為書中的主角，設身處地的去感受。例如，《少年PI的奇幻旅程》，如果你是PI，面對船難發生，你獨自一人與老虎在一起，你會怎麼做？又或者你是老虎理查帕克，你也會跟PI

和平共存嗎？最後你也會獨自走入叢林？還是選擇跟PI在一起？為什麼？

6 **這個故事讓你聯想到什麼**？

聯想，就是走到這本書之外，延伸找出書中能觸動你的點，再連結生活周遭的事物，這也會是很好的心得。例如：讀了沈芯菱的故事，聯想到自己的父親，因為父親童年時家裡也很窮困，經過刻苦的打拚才有今天的成就；就跟沈芯菱一樣，他們都沒有被窮困的環境打敗，反而更加努力的出人頭地。

寫作心得時，以上這六個提問你可以單獨使用，也可以多個加在一起運用，都能幫助你完成一篇精采的心得報告。

內容大意，就是用一段文字，簡潔的介紹一篇文章或是一本書的內容，並將重點提示出來。

寫作讀書心得時，可以描述自己的感受、想法、觀點、收穫，重點在於言之有物。

運用遮減練習法，訓練自己寫出簡潔的內容大意。

利用六大提問，寫出精采的讀後心得。

 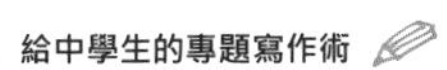

延展練習

1. 找一則報紙或網路新聞，寫出一篇五十字的大意摘要。

2. 請利用六大提問，分別寫下你對這則新聞的感想。

3. 你今年讀過的書中，哪一本最讓你印象深刻？寫下你的心得。

4. 你最喜歡的電影是哪一部？請寫下五百字心得。

痛點3

寫作文時，看到題目，沒有靈感……

找靈感並不難，
只要善用聯想力
和想像力就行了！

作文課
「紅豆」

老師沒事為什麼要放歌給我們聽啊？

這首歌挺好聽的呢。

你不要一直跟著我啦，你到底想幹嘛？
我說過，我是來拯救你的啊！

不過你的考卷也未免太精采了，滿江紅啊。
不關你的事啦！走開！走開！

彥鈞同學，請安靜聽歌喔。
對不起～
……

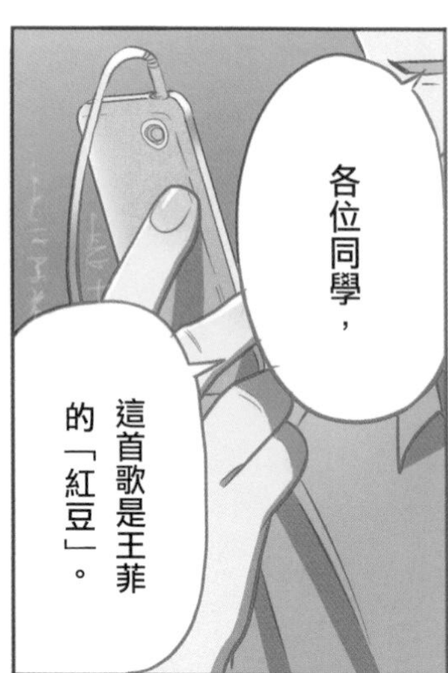
各位同學，
這首歌是王菲的「紅豆」。

國文老師
希望大家聽完了可以有一些感受。

現在，請大家以「紅豆」為題目，在課堂上寫一篇作文吧。
啊啊啊～～～!!
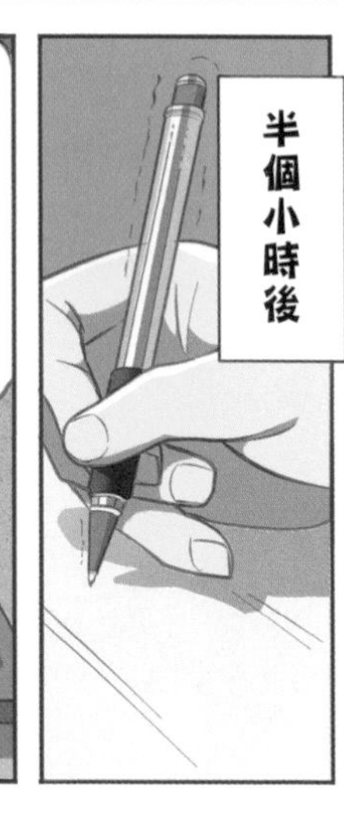
半個小時後

這是什麼題目啊？怎麼寫啊？
紅豆？我還紅豆冰咧！
無感啊，無感。
我一點想法也沒有。

……
你們是怎麼了？
「紅豆生南國，春來發幾枝。」這首詩聽過沒？可以試看看這個意境啊。
唔……寫這個嗎？

紅豆生南國，春
……

唔……唔……不行啦，
從這首詩也想不出任何東西。

那換個方向。紅豆又稱相思豆。

可以把紅豆當作信物，送給喜歡的人，這也是一種意境啊。
你們女生就是喜歡這種的。
我才不要寫這種肉麻兮兮的話咧~~

哼！不然你寫紅豆冰啊！
你小時候不是最喜歡吃廟口那個阿伯賣的紅豆冰嗎？

咦？
你怎麼會知道啊？

本姑娘可是神通廣大呢！
你啊，自己多動點腦筋吧！哼！

沒靈感的時候你會怎麼做呢？

看到題目，就開始一個頭兩個大，咬著筆，想半天，還是不知道怎麼下筆，這是很多人在寫作文時的寫照。

沒辦法下筆，其實有兩個問題；我們先來討論第一個問題，就是不知道該寫什麼，完全沒想法，也就是所謂的「沒靈感」。

想像一下，如果你是一個廚師，打開冰箱，裡頭一樣食材都沒有，你能夠做出美味的料理嗎？當然不行。

想法，就是我們寫作文時的「食材」。如果沒有想法，當然一個字都寫不出來了。

那麼，你知道該如何尋找「食材」，讓自己可以寫出一篇好看的作文嗎？

為什麼會有靈感短缺症？

討論「寫什麼」之前，先來想一想，自己在面對題目時，為什麼總是絞盡了腦汁，也寫不出幾行字？「靈感短缺症」的背後，通常最主要的原因是：

1 看不懂題目

具體的題目，像「我的家人」、「夏日的旅行」，比較沒有這類的困擾；但是抽象或意象式的題目，比方說「探索」、「寬與深」，這類題目難免會產生理解上的困難，因為看不懂，當然沒有想法。

寫作文的第一步，就是「審題」，了解題意。你不但得看「懂」題目，也必須看「對」題目，才能夠寫出符合題意的作文。

「看對題目，不是很理所當然的事嗎？」你可能覺得這件事很容易，為什麼還需要提醒呢？但是很多人就是輕忽了這一點，特別在考試時，因為緊張、時間不夠，常很容易發生看錯題目，或者沒有真正了解題目就開始書寫，最後「文不對題」。

有一些題目確實不好理解，例如：「捨不得」；但是現在的作文題目裡，除了題目之外，還會針對題目給予說明，簡單解釋這個題目的內涵以及可以發揮的方向，仔細閱讀說明通常可以幫助你更了解題目。否則題目看錯了，寫出來的作文當然就文不對題，所以在開始寫作之前，一定要確認自己讀懂了題目。

題目：捨不得

說明：搬家時，送出陪伴自己多年的玩具，告別每天相處的朋友；畢業時，離開熟悉的校園，向無怨付出的老師說再見……，這些時候我們總覺得依依難捨。又或者，捨不得叫醒必須上大夜班的母親，捨不得花錢，捨不得放手，捨不得先吃蛋糕上的草莓……，這些情況都讓人感到猶豫掙扎。面對難以割捨的事物，你有什麼體會？請以「捨不得」為題，寫下你的經驗、感受或想法。（104 年國中教育會考寫作測驗題目）

題目：從陌生到熟悉

說明：也許是來到一個全新的環境，從分不清東南西北，最後對所有的巷弄瞭若指掌；也許是加入一個團體，從剛開始找不到對象說話，到漸漸認識志同道合的朋友，暢談彼此的夢想；也許是接觸新事物或者學習新技能，從獨自摸索、反覆嘗試，到終於駕輕就熟，而有深切體會……。從陌生到熟悉，其中有著苦甜的滋味，也帶給我們許多思考。請以「從陌生

到熟悉」為題，寫下你的經驗、感受或想法。（105年國中教育會考寫作測驗題目）

平常，如果看不懂題意，可以請教師長或家人。不過，若是作文項目的考試，一般來說，沒辦法發問，唯一的解決方法，就要靠平時大量閱讀來培養理解力了。

2 不會發想

即使看懂了題目，也不知道該怎麼發展想法，寫成一篇作文。這時候你就需要一些小技巧來幫助你克服「靈感短缺症」。

三大步驟，打擊靈感短缺症

1 找出主題的關鍵字

確認主題後，下一步，就是從你自己的角度，找出代表這個主題的關鍵字。有時候，題目本身就是關鍵字；有時候，你必須先理解題目，再決定關鍵字。另外，像「驕傲與謙卑」這種帶有比較意味的題目，就可能有兩個關鍵字。

作文題目	主題	關鍵字
最疼愛我的人	人	外婆
升上國中之後	事	國中生活
我最難忘的地方	地	童年居住的小鎮
考試，我想對你說	物	考試
驕傲與謙卑	道理	驕傲、謙卑

2 發展你的想法

確認關鍵字之後，請寫下你所能想到各種跟這個關鍵字有關的事物。例如：「國中生活」。聯想到的字眼或事情，像是「課業變重了」、「每天都要早出晚歸」、「認識了一些不錯的新朋友」、「開始想到未來的人生」。

接下來，再根據你的聯想，進行發揮。比方說，「課業變重了」，

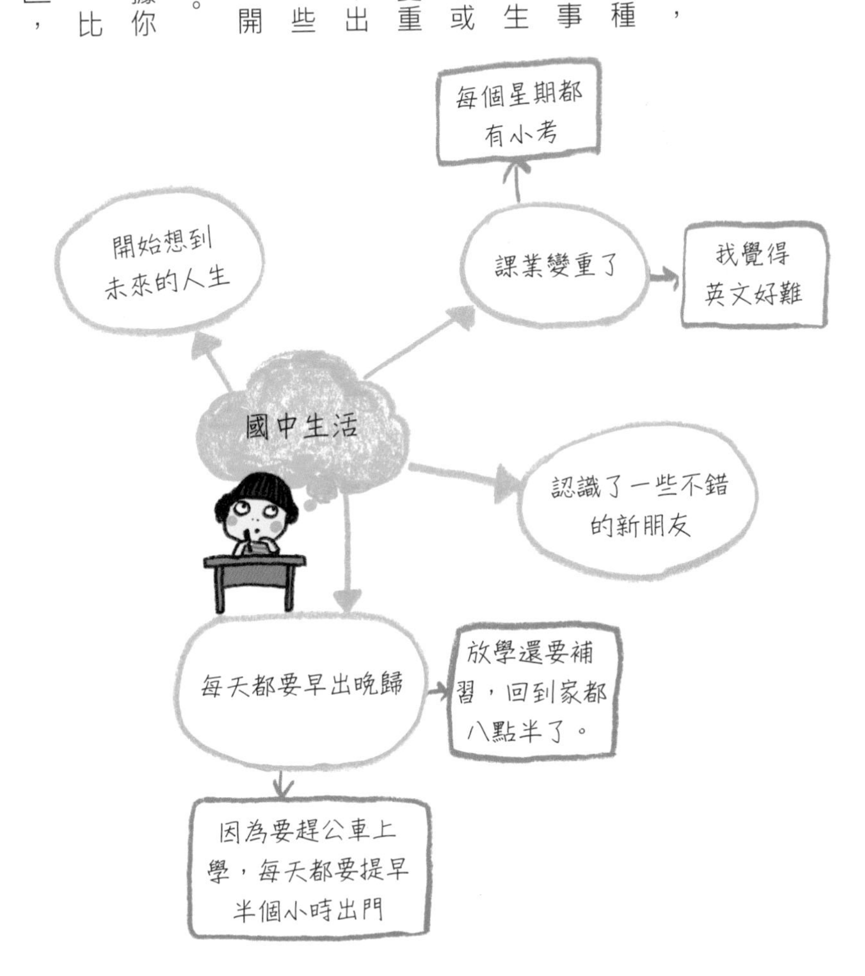

有多重？你可以具體舉例進一步描述。例如：「每個星期都有小考」、「我覺得英文好難」。而「每天都要早出晚歸」，可以想想為什麼要早出晚歸？再具體舉例：「因為要趕公車上學，每天都要提早半個小時出門」、「放學還要補習，回到家都八點半了。」以此類推。

這時你會發現，從「國中生活」這個關鍵字出發，你已經發展出很多不同的想法，再將每一個例子做更詳細的說明與形容，加上自己的感受，就是展開文章、豐富文章的好方法了。

3 選材的技巧

當你發展出許多想法之後，你必須在眾多的想法中，歸納出你要表達的重點，就是所謂的「中心思想」。取捨、剪裁這些想法時，你想要選擇怎樣的素材來發揮，非常關鍵；選材選得不好，很容易讓你的寫作窒礙難行，即便寫出來了，可能效果也不是很好。

關於選材的方法，以下幾個小祕訣可以參考：

1 選擇有過程的題材：有過程的題材相對來說比較容易書寫。以最快樂的一天為例，如果你選擇的題材是逛夜市，看似有很多的內容可以寫，但實際上書寫起來，很容易變成一筆流水帳，即使寫了很多的攤位、氣味等，也很難寫得深入。但如果你選擇的是贏得比賽的那一天，相對的就會比較容易。因為比賽有準備的過程、競爭的過程、團隊的合作，最後終於贏得勝利時，深刻的喜悅，也是比較容易描述的。

過程也指心理的轉折，有心理轉折的題材通常也比較好發揮。舉例來說，如果你要描寫的感受是「痛苦」，而你選擇的題材是被媽媽罵了，心情很痛苦，缺乏心理轉折的話，「感人度」就會比較低。相反的，如果你寫的是跟好友分離，從昔日相處的愉快，到分離的痛苦，心情上的轉折比較強烈，寫出來的文章，「感人度」就會提高很多，也更容易描述。

2 選擇與眾不同的題材：同一個題目寫來，有的人寫得精采，有的人卻寫得枯燥乏味，除了文筆好之外，能否找到一個與眾不同的題材，好好的發揮創意，也是影響你的文章能不能突出的重點。

以題目「我哭了」為例，你可以先想一想，什麼時候會哭？喜悅的時候、難過的時候、成功的時候、愧疚的時候……這四個題材中，「喜悅」與「難過」是大家普遍會寫的題目，如果你在發揮這個題目的時候，選擇的是愧疚得哭了，即使你的鋪陳沒有特別突出，但是會因為切入點與眾不同，而讓你的文章容易吸引讀者的興趣，也展現出你的創意。

3 **選擇有對比的選材**：有對比的事件，也是一種比較好發揮的題材。描寫快樂時，如果事件的前面是痛苦，描寫到最後的快樂，讀者的感受度就會更為深刻。

例如，描寫獲得勝利的快樂，前面可以先鋪陳訓練的痛苦、很想要放棄的沮喪，最後重新振作，繼續努力，終於贏得勝利。這種快樂的描述，會比一般平鋪直敘的快樂描寫，來得深入、有吸引力。

靈感的訓練——一題數寫

平日就可以多加培養對各種題目的發想力，要寫出一篇具有創意的文章，訓練自己的靈感，一題數寫是很好的訓練方法。

◆不同的文體

同樣一個題目你可以用不同的文體來寫。例如：「幸福」這個題目，你可以試著寫成不同的文體，例如：寫跟家人到海外旅行，感受到幸福的經驗，這是記述文；寫母親的愛，讓自己感到十分幸福，這是抒情文；寫出幸福的真諦或意義，這是論說文。

◆不同的視角

就是用不同的角度與立場來詮釋同一個題目。例如：「茶杯」這個題目，你可以由茶杯使用者的角度來寫，或是做這個茶杯的人來寫、甚至以「我是茶杯」這樣的角度來寫。

不同的視角，有不同的描述方式，例如，使用茶杯的人可能著重在茶杯的便利性、自己與茶杯的感情。而做茶杯的人，可能著重在製作一個茶杯的辛苦過程。至於我是茶杯的角度，則會著重在身為一個茶杯的感受、悲喜等等。

你也可以挑戰自己，當看到一個題目的時候，你能想到多少的描寫角度，不斷激發自己的靈感與創意。

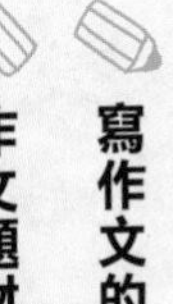

- 寫作文時，沒有靈感，可能是你看不懂題目，或是不懂得發想。
- 寫作文的第一步，就是要先審題，發想你的題目。
- 作文題材的選擇很重要，會牽涉到好不好寫，以及能不能寫得好。
- 平時多用一題數寫的方式，可以訓練你的靈感力。

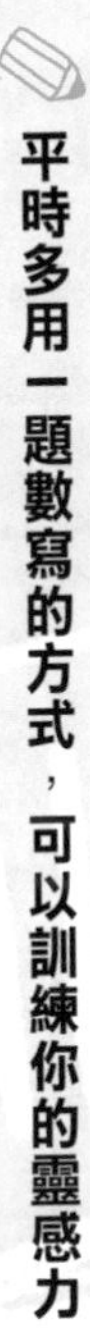

延展練習

1

請根據前面的示範，利用「寬與恕」這個題目來發想，畫一張你的發想圖。

2

承上題，當你發想好了，你會選擇哪一個題材來書寫？為什麼？

3

你能用「寬與恕」這個題目，以不同的角度來發揮嗎？挑戰一下你能想到幾個。

痛點 4

我有想法，但不知如何下筆……

萬事起頭難，
只要開始寫就會知道
怎麼往下寫了！

各位同學，還剩下半小時。
把握時間，下課前要交出作文喔。
嗯……
小時候的確常常去紅豆伯那裡吃紅豆冰呢……
可是，紅豆冰要怎麼寫成一篇作文呢？

夏天的那碗紅豆冰很令人懷念吧？你可以從紅豆的滋味、顏色，
寫到紅豆伯的親切，以及你對他的懷念啊。
！

我以為已經把你氣走了，竟然沒有成功。
要趕我走，可沒那麼容易呢。

而且我是來救你的啊。不過，你的作文能力啊……
嘖嘖……
……

好啦，剩半小時囉。本姑娘就不吵你了，
我的逛街時間也到了。

掰～～

嗯……想起來了，
的確很懷念啊！小時候廟口的紅豆冰……

紅豆伯總是在那裡，賣著紅豆冰。
冰

一份紅豆冰！
小學的夏天，我總是天天報到。

放學後一定要
吃一碗才回家。

就算因此常常
吃不下晚餐，
被媽媽罵。
也還是忍不住
天天去光顧。

唉呀，
趙小弟弟，
你又來了呀！

上六年級開始
補習後，有一陣
子沒經過那裡。
等到再次路
過的時候，

紅豆伯……還有他的
紅豆冰已經消失了。
你又來啦？
趙小弟弟！

紅豆伯……
……
彥鈞，作文寫不出來沒關係啊，
沒必要哭吧？

你無法下筆的原因是什麼？

萬事起頭難，對很多人來說，寫作文時，最困難之處，就是「開始寫」。不知道如何下筆，有兩種狀況，一種是根本沒有想法，這個狀況在上一個單元中，我們已經討論過了；另一種狀況，就是明明有想法，卻不知道該怎麼開始。

以彥鈞為例，關於「紅豆」這個主題，他現在比較有靈感了，想到了記憶中的紅豆冰，以及那位難忘的紅豆伯。但是，材料雖然都有了，要怎麼安排、寫作成一篇文情並茂的作文呢？

之前，我們討論過「寫什麼」，在這個單元中，我們把重點擺在「怎麼寫」。第一步，就是決定你要寫哪一種類型的作文。

該如何決定文章的下筆法？

當我們到戲院看電影時，會發現電影分成很多種不同的「類型」，讓你笑個不停的是「喜劇片」、讓你哭到不行的是「悲劇片」、把你嚇得要命的是「恐怖片」。不同的類型，就代表不同的目的。

同樣的道理，所謂的「作文」，根據不同的目的，就有不同的類型，我們經常會遇到的作文類型，主要有三大類：

1 記述文

以記事和敘事為主，重點在於將事情（事件、經驗）描述得清楚、生動、完整。像「我的暑假」、「運動會」、「最難忘的一次旅行」這類的題目，就很明顯要使用記述文的方式去寫作。記述文看似簡單，卻不容易寫好，因為很多人寫記述文時，由於缺乏重點或主題，結果寫成了流水帳。

2 抒情文

看名稱就知道，抒「情」文的重點就是「情」。抒情文跟記述文一樣，也會寫到人、事、時、地、物、景，但是在描述事情之外，你還要寫出內心的感受和感覺。像「雨後」、「走過」、「父親的背影」這類的題目，就適合寫成抒情文。感人與否，是抒情文寫得好不好的指標，因此，在選擇題材時，越是能表現心理的轉折，感人的效果也就越好。

3 論說文

包含了「論（議論、討論）」和「說（說明）」，傳達自己對人、事、物的看法，或批評他人所提過的論點，目的在於說服讀者接受你的意見。像「論勤勞」、「美與醜」、「什麼是正義」這類的題目，就應該寫成論說文。

你可能會有個疑問：「是不是每個題目都只能寫成一種作文類型？」

答案是，要視情況而定。

有些題目可以寫成記述文或抒情文，有些甚至可以寫成三種類型。

以「風箏」為例，如果你寫童年時某一次跟玩伴放風箏的經驗，這就是記述文；如果是你還寫到這位玩伴後來搬家失聯，就像斷了線的風箏，開始抒發你對他的懷念，這就是抒情文。如果你有特殊興趣能夠鋪陳研究風箏的科學原理、演進歷史，或是風箏在不同文化中的意涵等等，那就能夠構成一篇高級的論說文了。

兩大步驟，讓你的文章精采開展

1 六大文章開頭法

當你決定好你要的文類，如果可以運用自己的創意去為文章開場，是最好不過了。如果，你實在想不出理想的開場方式，以下幾種開場法，提供你作為參考：

1 聲音開頭法：所謂的聲音可以是狀聲詞，例如寫下雨天，你可以這樣開頭：「滴答滴答，我聽見雨滴打在屋簷的聲音，啊！這又是一個下雨天。」或者描寫洗澡，你可以這樣開頭：「嘩啦嘩啦，每當聽到這樣的聲音，就是我最開心的時候，要洗澡囉！」

聲音也可以是某人說的一句話，例如：描寫畢業旅行，你可以這樣開頭：「『要畢業旅行囉！』老師一說這句話，大家都開心得跳了起來。」或者描述夜市，你可以這樣寫：「『來喔，好吃的臭豆腐一份五十！』四處傳來此起彼落的叫賣聲，猜猜看，你知道我在什麼地方嗎？」

聲音開頭法能讓你用一種生動的方式，來為你的文章起頭，並且帶起讀者的好奇心。聲音開頭法的應用非常廣泛，不管你寫哪種文類，幾乎都可以使用。

2 開門見山法：這是最常見的一種開頭法，如果你的題材很不錯，可以選擇這個比較平鋪直敘的開頭法。最簡單的開門見山法，就是直接將人、事、時、地、物描述出來。

例如：「我最難過的一件事」你可以這樣開頭：「在我國小五年級的時候，發生了一件最令我難過的事……」

例如：「看牙記」，你可以這樣開頭：「上個禮拜五，因為牙齒好痛，媽媽就帶我到對面的XX牙醫看牙……」

3 不是法：所謂的「不是法」，就是利用連續幾個否定的句子，來凸顯你的主題。例如：「我最愛的一件事」你可以這樣開頭：「我最喜歡的一件事，不是在操場上汗流浹背的奔跑，也不是在廚房裡熱烘火烤的做菜，更不是在桌前賣力的在稿紙上寫作，而是自在的揮灑彩筆，塗畫出我的彩色天地。」

這種方法可以應用的範圍很廣泛，特別是在寫論說文、記敘文的時候，都是很好入手的開頭方式。

4 排比法：首先針對題目做三個不同的描述，例如夏天，聯想到的就是蟬聲、星空與晚霞，然後你用一樣的句子將這三個元素放進去，例如：「每當蟬聲唧唧叫個不停的時候，每當我看見天上的繁星越來越多的時候，每當天邊的彩霞越來越豔麗的時候，我就知道，夏天來了。」

如果題目是時間，試著先聯想時間的三個特性：很珍貴、一去不回、最公平。你可以這樣開頭：「時間有如金錢一般珍貴，時間有如流水一般一去不回，時間有如陽光般人人都公平享有……」三個排比句寫完，時間的特性就會被表達出來，文章的第一段也就寫完了。

排比法是難度比較高一點的開頭法，但可以應用的文類也很多，其中論說文與抒情文最適合用這樣的方法起頭。

5 說明開頭法：顧名思義就是把題目說清楚。例如：題目是「流行語」，你可以這樣開頭：「什麼是流行語？流行語就是時下年輕人最常使用的語言，如果你不知道就落伍啦！」這是一種簡單的說明法。又如題目是「笑與淚」你就可以在開頭時說明笑是什麼、淚是什麼，以及與笑淚這兩者有什麼關係。

6 以景入情法：這個方法最適合放在抒情文的開頭，以景入情的意思，就是看到什麼就想到什麼。例如題目是「外婆」，你可以這樣開頭：「每當看到結實纍纍的葡萄，我就想到我的外婆，因為那是她最喜歡的食物。」透過與題目相關的景物描寫，可以讓你的描述更生動，也能擴展聯想的空間，有利於接下來的抒情敘述。

2 三大類文章鋪陳法

當你發想好題目、決定寫作的文類，也想好了開頭法，接下來就需要鋪陳自己的文章。而一篇文章究竟要怎麼安排才會精采呢？有人這樣形容，一篇文章標準安排法叫做：「**鳳頭**、**豬肚**、**豹尾**。」這句話的意思是，開頭要跟鳳頭一樣小而精美，結尾得跟豹尾一樣，分量少但要有力，而中間鋪陳的部分就要跟豬肚一樣，要大、豐富、篇幅要多。

以下針對作文三大類型：記敘文、抒情文、論說文分別提供適用的鋪陳法，幫助你輕鬆寫出好文章。

1 記敘文——遞升法

所謂的遞升法，就是一段一段的鋪陳上去，越來越精采。以遊記來說，當你去一個遊樂場，可能玩了很多種遊樂器材，但在寫遊記時，如果樣樣寫，就會變成流水帳。為了讓文章精采，請挑選出三個你最有感覺的器材，依照精采度排列，把最好玩的部分放到最後描述。又或者你去北海道旅遊，去了許多風景區，發生了許多事情，同樣選出三件，把最刺激、最感人或最美麗的部分，放在最後。按照這樣的方法，你的文章看起來就會越來越精采，而且有引人入勝的效果。

寫作結構可以分成四段，這樣安排：

1. 開頭：選擇六大開場法中適合的開場。

2. 鋪陳過程：例如簡單描述旅遊經過，鋪陳三大關鍵事件的其中兩件。

3. 精采的事件：詳細描寫最精采的那個事件。

4. 結尾：感想的敘述。

2 抒情文——高潮法

抒情文看似簡單，卻不是容易發揮的文類。所謂的高潮法，就是在文章中製造一個驚險的事件、一個意外的狀況；讓抒情文的情感敘述有一個轉折。例如：描寫我與外公時，你可以開頭先鋪陳你與外公的相處情形、描述你對外公的感情，高潮處可能是你與外公被迫分離，因為外公中風住進安養院，最後再寫你希望外公能夠早日恢復健康，能夠回家。這就會是一篇很精采的抒情文。

寫作結構分成四段，你可以這樣安排：

1. 開頭：選擇六大開場法中適合的開場。

2. 鋪陳過程：例如你與外公的相處經過，舉兩個事件說明。

3. 高潮：轉折、意外的事件，如外公中風被送進安養院時，你心中的悲痛。

4. 結尾：感想的敘述，例如希望外公可以恢復健康。

3 論說文——反面法

論說文看似難寫，但實際上卻是三種文類中最容易發揮的一種，因為論說文的形式比較固定。

所謂的反面法，就是將題目反過來說，例如題目是守時，除了解釋守時事什麼、守時的好處之外，你也可以安排一段來敘述如果不守時可能會造成的災難，這樣會讓你的論說文寫來論點更有力。

寫作結構可以這樣安排：

1. 開頭：說明題目。

2. 解釋：舉兩個例子加一個小故事，解釋觀念的內涵與重要性。

3. 反過來講：舉一個反例，說明如果反過來會如何。

4. 結尾：可以引用名言佳句，讓你的結尾更精采有力。

論說文的寫作技巧

BOX

當你看到一個論說文題目，假設你已經了解了題旨，也想好自己的論點，並且根據之前的開頭法與段落安排的規則想好了文章的架構；但是當你一寫下去，是否經常覺得論點一句話就說完了，文章很難展開呢？

例如論守時，也許你覺得「守時不重要，人要懂得變通」，或者你覺得「守時是為人處事的基礎，不能守時，什麼都免談。」不管你的論點是哪一個，好像一句話就把想講的事情講完了，那麼，如何鋪陳出五、六百字的文章？而且單單這樣一句話好像說服力也稍微薄弱了些，這時候你就需要找幾個幫手來當你的加油團。

論說文，顧名思義，就是作者必須提出自己的觀點，針對這個主題進行議論或者說明。所以最重要的就是要提出自己的意見、論點。而意見需要有事實的支持，所謂的事實就是指發生過的、存在的、大多數人贊同的，而這些就是你的理論依據，也是你最有力的後援。

因此，在書寫論說文時，最好在正文裡針對每一個論點舉出二至三個實例來作為你的論據，不管是正面或反面的例子都可以。例如：「守時很重要！」為什麼重要？舉兩個例子說明。「不守時很糟糕」，為什麼？舉一兩個例子說明不守時的結果。這些例子，可以是你親身的經驗、可信的事件、新聞報導等等。

透過例子說明，能讓你擺脫自說自話的窘境，增加說服力，也能讓你的論說文書寫更容易開展，文章內容也就更有料了！

最常見的文章類型，主要有記敘文、抒情文與論說文三種。

善用六大開頭法，可以讓你寫作時輕鬆下筆。

「鳳頭、豬肚、豹尾」是寫文章的標準安排，可以多加練習。

寫作時可以分成四大段落，將最精采、最驚險、最出乎意外的部分安排在第三段，製造文章的高潮。

延展練習

1 請用以景入情法，描寫「外婆」這個題目。

2 請用抒情文的段落安排方式，列出你將如何安排外婆這篇文章的段落。

3 想一想，「論勤勞」這個題目，有哪些相關的小故事可以放進文章？

4 請用記敘文的方式，說明你會怎麼發展「我的房間」這個題目。

痛點 5

寫作文時，老是文句不通順，怎麼辦……

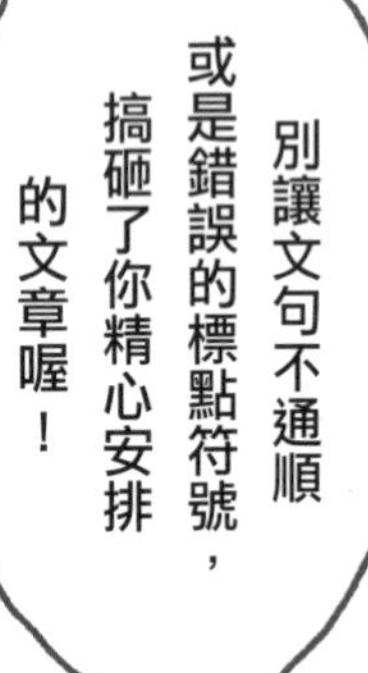
別讓文句不通順
或是錯誤的標點符號，
搞砸了你精心安排
的文章喔！

上次的作文，有幾位同學都寫得很好。
尤其是彥鈞的表現，讓老師很驚喜喔。
！

他從一顆紅豆，回憶到小時候吃紅豆冰的
記憶，還有和紅豆伯的情誼。
真情流露，非常的出色！

你看，我就說我是來拯救你的吧！

不過這次的作文，大家的標點符號有很多問題。

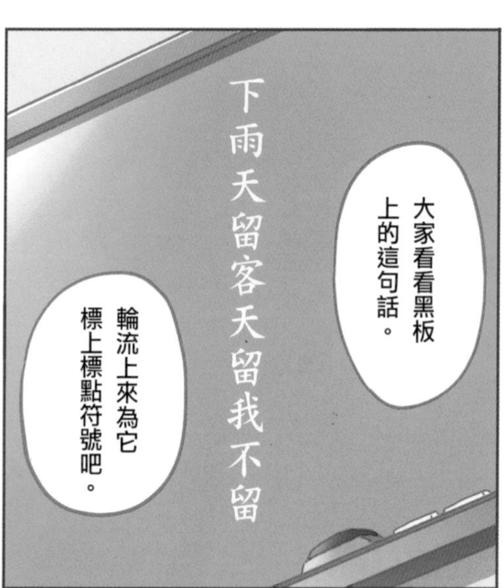
下雨天留客天留我不留
大家看看黑板上的這句話。
輪流上來為它標上標點符號吧。

下雨天……
嗯……應該是這樣吧。

咦？
好有趣喔。

下雨天留客，天留我不留
下雨天留客，天留我？不留。
下雨天留客，天留我不？留。
下雨，天留客，天留我不留！
下雨天，留客天，留我？不留。
下雨天，留客天，留我不？留。
下雨天，留客天，留我不留？
竟然出現這麼多種的版本。

大家可以看到，光是標點符號的位置，
就能製造這麼多種意義跟語氣的差別。
哈哈

再告訴大家一個故事。相傳有一個落第才子，
過年的時候替農家寫吉祥話。

今年好煩惱少不得打官司
釀酒缸缸好做醋格外酸
養豬隻隻大如山老鼠隻隻死
……

喂！你這是什麼意思啊!?
村民的解讀
今年好煩惱，少不得打官司。
釀酒缸缸好做醋，格外酸。
養豬隻隻大如山老鼠，隻隻死！

唉唷～
大家誤會了。
我的意思是……

原來是這樣啊！
今年好，煩惱少，不得打官司。
釀酒缸缸好，做醋格外酸。
養豬隻隻大如山，老鼠隻隻死！
哈哈

哈哈
哈哈
這個落第才子是故意的吧？

所以，
大家要好好學習標點符號喔。

我的作文有什麼惱人的小毛病？

要寫好一篇作文，除了要知道寫什麼寫，以及怎麼寫，還有很多細節需要注意。

像彥鈞的作文，內容雖然讓老師很驚喜，但如果他能錯別字再少一點，句子再通順一點，就會是一篇很不錯的作文了。

當你已經學會了前面的開頭法，對於題目的發想也能夠掌握得很好，選材也能選得不錯，這時能夠讓你的文章更加分的，就是文句的書寫。除了像不要寫錯別字，不要寫太多重複的字詞等基本的幾個問題之外，還有哪些是書寫句子時常會發生的問題，又該怎麼改善呢？

為什麼文句會不通順、不優美？

作文寫不好，除了內容不夠充實，另外就是文字方面的問題。有時候，辛辛苦苦寫了一篇作文，老師給的評價卻不高，這是為什麼呢？一般來說，會有以下幾個常見的情形：

1 連接詞使用太多、使用不當

所謂的連接詞，是用來連接詞語、句子、段落等等的詞，最常用的就是「不過」、「因為……所以……」、「雖然……但是……」、「首先……然後……」。連接詞使用得好，能讓文章生色，但使用得不好，就會讓人不知所云。如果你一個段落，不斷的「然後……然後……然後……」或者不停的

「因為……所以……」一個段落裡，同樣的連接詞最好不要超過兩個，否則文章就會令人讀來感覺囉唆、單調。

2 倒裝句使用太多

所謂的倒裝句，就像是「我被你打」、「我被媽媽罵」這樣的句子。倒裝句使用太多，例如：「我心愛的寶貝今天被我打破，又不小心被媽媽丟掉，最後被人撿走了……」會讓你的表達相對來說很單調也不易閱讀，如果你稍微修改一下，適當的使用連接詞，文句就會通順多了。例如：「我今天打破了我心愛的寶貝，媽媽不小心把它丟掉，最後被人撿走了……」

3 用錯標點符號

錯誤的標點符號會造成誤解，或是意思不夠清楚。另外標點符號也關係到文章閱讀的節奏，最常見的問題就是使用逗點一路逗下去，致使句子非常長卻沒有句點來結束，在閱讀上就會令人喘不過氣來。

4 成語錯置

使用成語，可以讓文章讀起來更緊湊；但是，用錯成語，就會造成誤解和笑話，讓人覺得怪怪的。像是想形容老師很美，但你寫了：「我的老師真是一位豔若桃李的美女。」或者想要描述夜晚的情景，結果你寫了：「月黑風高的夜晚，媽媽帶我去買蛋糕。」就會讓人有情緒錯亂的感覺，甚至讓人啼笑皆非。

5 引述與直述分不清

所謂的引述就是我們引用某人說的話，一般來說，會放在引號中。直述句就是平鋪直敘的句子。經常出現的錯誤例如：老師說：「陳小呼，你站好！」，有的同學就會寫成「老師說，陳小呼，你站好！」這就是使用不當。或者是，「老師在罵陳小呼，叫他站好」，這是直述句。有的同學可能會寫成，「老師在罵陳小呼叫你站好」，直接把老師說的話放入直述句，就會造成文句的錯誤。

6 詞彙太少

詞彙太少也會讓你文句不動人。例如形容男生很帥氣，如果從頭到尾都只有帥氣兩個形容詞，讀起來就會很呆板。

7 描述順序混亂

當我們在描述一個東西時，如果東一塊西一塊，分開讀起來或許沒有什麼錯誤，但閱讀時容易產生障礙，讓人無法一眼就看到全貌。例如，當你想要描述一個女生的長相時，你這麼寫：「陳小呼有著一頭漂亮的黑髮，大大的眼睛，她的身材高高瘦瘦的，嘴巴小小的，腳大大的……」當你讀這樣的文字時，就像我們在看電視一樣，鏡頭一下子往上，一下子往下，陳小呼的臉長什麼樣子？可能整段文章讀完了，讀者還是無法想像。

三大妙招，讓你的文句通順又優美

看來造成文句不通順的原因有很多種，如果你有前面提到的這些毛病，而且超過三種的話，就要好好的練習以下方法，力求改善。

1 閱讀名家作品，看別人怎麼用

其實，讓文句優美、通順的不二法門，就是多閱讀。閱讀的素材非常重要，假使你閱讀的目的是要增進寫作力，這時你就不能選擇敘述太淺白的素材；相反的，多多閱讀名家的散文，是最好的方法。

閱讀的時候，也不能只是走馬看花的略讀過去，要仔細看作者怎麼使用字詞、成語；一篇吸引你的散文，你可以反覆多讀幾遍，最好把好的文句抄寫下來。如果你真的覺得這篇文章好得不得了，你甚至可以將整篇文章背下來。這樣的做法能將作者的書寫能力、字彙、文句的使用等方法，內化成你自己的東西，下次寫作的時候，你就能自然而然的應用出來了。

2 擴大字詞庫，文采更優美

當你在寫作文的時候，是否發現自己有時明明想表達某個意思，卻想不出適合的字眼來表達？或是寫來寫去，就是只能使用那幾個詞彙？

那些可以把文章寫得很漂亮、很生動的人，腦中通常存放了比較豐富、多元的字詞。當他要形容一件東西，或是表達一件事，就會有比較多的字詞可以使用，也能把感受表現得比較細膩。

培養寫作能力，很重要的一環，就是要擴大自己的字詞庫。

請你準備一本空白筆記簿，每天利用空檔，從報紙、雜誌、網路上，找出五個你覺得很特別、很有趣的字詞（或成語），把這些字詞（或成語）和例句寫下來。請參考以下的範例：

◆**嫵媚**：她看起來嫵媚動人，光采奪目。
◆**法寶**：成功的三大法寶，就是正直、勇氣、毅力。
◆**隱情**：他看起來像是說出了實話，但是我覺得另有隱情。
◆**推陳出新**：為了滿足各種生活型態的需求，於是出現了很多推陳出新的發明。
◆**心曠神怡**：在涼爽的秋天中，和家人一起在林中散步，真是讓人感到心曠神怡。

另外你也可以運用「尋找同義詞」的訓練，每天找一個詞彙，例如：「快樂」，然後找出五個描述快樂的詞彙，記錄下來，經過這樣不斷的練習，你就不會有字詞枯竭的問題了。

3 素描法，讓你的東西歸位

在寫文章時，經常會需要描寫事物、景物、人物等等，如何讓人跟著你的文字，一目了然的看到全貌，是一門很重要的功夫。

這時你可以使用素描的方式，先問看看自己，我是怎麼看到這個東西的？例如：當我要描述一個人物，一般來說會從頭描寫到腳，當然你要從其它的部分開始寫也沒有關係，但要記得把你的東西歸位。

描述完臉部之後，再描述下一個部分，就像我們在畫圖一樣，如果你先畫了一個臉，接著畫腳，又回來畫手指，再來畫頭髮，跳來跳去的結果，多半你的比例安排會有問題。所以，當你想要描述一個事物時，你可以先透過畫圖歸納的方式把你想說的元素先畫出來，然後再安排你想要說明的次序。

為什麼我看很多書，卻無法增進寫作力？

BOX

閱讀是增進寫作力的最好方法，但很多人不免有這樣的疑問：明明我看了很多書啊，但為什麼寫文章的時候還是很貧乏呢？

最關鍵的原因除了前面我們提到的選材問題之外，就是你「只有博覽，沒有精讀。」當你很快的把文章看過去，看得多了，久而久之確實會累積出一些實力。但真正要讓寫作功力內化為自己的能力，就需要精讀。像是小說家駱以軍就是透過不斷抄錄好的小說，來訓練自己的寫作能力。遇到好的文章，一遍又一遍閱讀，透過抄寫甚至背誦，把自己喜歡的文句深刻的記錄下來，久而久之就能內化為自己的東西。

另外，寫作也需要不斷練習，把自己當成第一個讀者，當你想要分享一件很好笑的事情時，先讀一讀自己寫的東西。讀起來好笑嗎？不好笑就重新換個方式描述，不斷的修改，將會增加你文章的精準度。別以為名家寫散文都是一次OK，很多作家的作品，在發表之前，其實都修改過很多次，修了七、八次乃至數十次都大有人在。

經常練習以連接詞造句，可以幫助改善文句不通的問題。

多閱讀名家散文，不但可以改善文句不通的問題，更可以學會優美的詞句。

描述一件事物時，要記得按照次序書寫，讓東西歸位，才能讓讀者一目了然。

平時建立好自己的字詞庫，寫作時，就有更豐富的字詞可用。

延展練習

1

找出一篇自己的作文，重新檢視這篇作文有哪些寫作上的問題？並且想一想，這些地方要怎麼調整比較好。

2

試著把一座你去過的遊樂場簡單的畫出來，想一想，如果你要用文字描述這個遊樂場，你會怎麼安排？

3

想一想，你最常使用錯誤的標點符號是什麼？為什麼？

4

想一想，你曾經用錯哪些成語？為什麼？

痛點 6

寫專題報告時，要怎麼找到適合的題目？

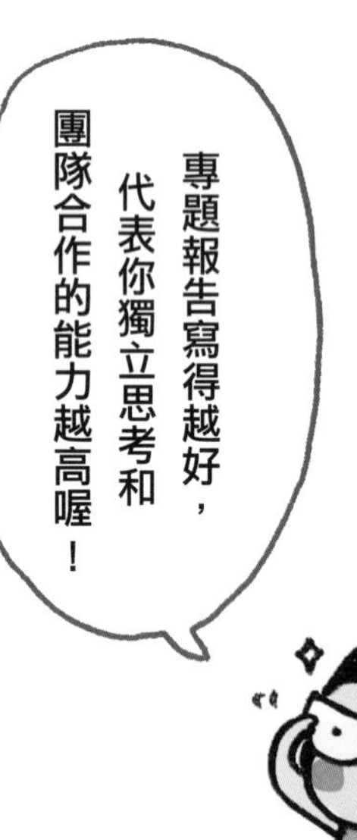
專題報告寫得越好，
代表你獨立思考和
團隊合作的能力越高喔！

愉快的暑假
終於到了！

為了完成暑假作業——
「認識社區」的小專題
報告。
好熱～
好熱～
同一組的彥鈞、靖潔、
銘宏三人，在社區中尋
找特別的題材。
你們有找到什麼
有趣的東西嗎？
這裡都是公寓啊，
實在不知道要寫
什麼？
熱死人啦！

關於這邊的歷史可以問我啊。
那你說看看有什麼值得寫的？
……

彥鈞，你說的那個鬼……
又出現了嗎？

你不用怕啦！
她很弱的。
你說誰很弱啊？

不然咧？
你會什麼大絕招嗎？啊？
彥鈞現在……是在和鬼溝通嗎？
……

土地公廟？

對耶！那間廟看起來確實很有歷史感。
但是……要寫什麼呢？
像是歷史啊、建築啊……還有什麼的特色？

嗯……可是專題報告有一定的格式耶。
專題報告
和作文好像不太一樣。

你看這個範例，有分三個部分，我們就分開寫。

銘宏寫前言，
靖潔寫中間的研究報告
……

我就寫結論。
一下子就能掰完啦！
……

可是……我們沒有內容可以寫耶。
還不簡單，

上網剪貼就搞定了！
So easy!
不是這樣做的啦！

不是這樣做？
不然你覺得該怎麼做？啊？
也許應該請那個鬼教我們寫專題報告……

什麼是專題報告？

看來，專題報告這門功課，讓銘宏他們三人有點頭疼，他們不僅不知道要做什麼題目，連報告的格式也搞不清楚，更不用說去哪裡找資料了。

國小階段，寫作訓練主要是「作文」；進入國中之後，開始會接觸到另外一種格式的寫作，就是專題報告。這類報告多半出現在特定科目，像是科展時要寫的報告。

看到「專題報告」，你的第一個反應是什麼？感覺起來好難寫？好嚴肅？其實，專題報告就像是比較大型的論說文，雖然格式稍有不同，只要你多加練習，其實並沒有想像中那麼困難。

為什麼要寫專題報告？

專題報告是一種論文式的評量方式，透過針對一個專題的研究，訓練你思考主題、提問問題、搜尋資料、組織邏輯、最後形成結論、產出研究的成果與自己的見解。不同於作文比較著重於寫作技巧的訓練，專題報告是一種對於邏輯、推演、組織等基礎研究能力的重要訓練。

「我現在只是中學生，為什麼要學習寫專題報告？」你可能有這個疑問。事實上，專題報告不只是要你熟悉論文這個文類的寫作方式，更重要的是在寫作時培養資料收集、組織資料與獨立思考的能力。

當你進入高中、大學之後，面對更深入的學科，更需要獨立思考能力時，寫作專題報告所培養起來的能力，就會對你非常有幫助。

另外，現在有越來越多科系，入學時除了要求學科能力測驗外，還需要撰寫專題報告，目的是為了透過報告來了解考生的「創造力、專業知識、資料的判斷與運用、價值觀與表達能力」。

因此，如果你具備很好的專題報告寫作能力，不僅未來參加甄選時會有很大的加分。甚至進入職場後，你所具備的思考與組織能力，都能為你帶來很大的助益。

兩大步驟，打造專題報告架構

當你要進行一個專題報告的寫作時，最開始要決定兩件事：我要寫什麼？以及我要怎麼寫？這兩個問題至關重要，牽涉到後面收集資料與邏輯推理的方向，一開始掌握好，後面就容易多了。那麼到底要怎麼做呢？

1 題目聚焦法

通常專題報告為了激發大家的創意，不會限定在一個很小的主題，而是只給一個大方向。就像故事中的銘宏等人，他們的專題報告題目就叫做「認識社區」。有的題目可能像是「莫札特」、「美國文化」等。

面對這麼大的題目，不可能在一篇報告裡寫得精采與深入。因此，首先你要做的是，把題目變小，也就是聚焦。有一個比較簡單的方式可以幫助你聚焦題目。

1 **找出線索**：你可以把自己當作是一個記者或偵探，面對這個題目的時候，先提出三個你對這個題目的了解，例如：莫札特是一個音樂神童、小星星是莫札特最著名的創作、莫札特年紀很輕就過世了。

2 **提出問題**：再根據你對莫札特的了解，提出三個問題。例如：「莫札特學習音樂的過程為何？」、「莫札特為什麼創作小星星？」、「莫札特為何早逝？他得一生過得如何？」之後你就可以根據這三個問題，收集與參考資料做更深入的了解。

3 **聚焦題目**：從上面的三個問題，以及閱讀你初步查找到的資料，你可以想一想，自己最想知道什麼？

例如：我想要多了解莫札特的作品，就可以從「莫札特為什麼創作小星星？」來發想，再提出五個問題。例如：「莫札特有哪些作品？」、「莫札特的創作有什麼特色？」、「莫札特作品受歡迎成度有多高？」、「莫札特的作品產生了哪些影響？」、「我最想知道哪個最作品的創作過程？」

如此再從這些題目中，漸漸聚焦，你就能把大題目慢慢變小，聚焦出像：「莫札特作品『魔笛』的創作背景與影響。」、「莫札特家庭生活對其的創作的影響。」等比較小的題目。

2 內容架構法

當你已經找好題目，接下來要開始構想怎麼呈現這個題目。一般規畫專題報告的寫作內容時，可以套用前面講過的論說文格式來安排。

只是跟論說文不同的是，在專題寫作裡，最少要列出與這個題目相關的三個互相扣連的主題，從小到大，從淺到深的遞增書寫下去。

各個階段的寫作，也有一些需要注意的地方，條列如下：

1 開頭：開宗明義的說明題目、為什麼要作這個研究的動機？你想知道的是什麼？透過這篇專題報告，你想要達成什麼目的？篇幅不要太長，但要講得很清楚。

2 闡述主題：選擇三個相關的主題，從小到大，從淺到深的安排。在寫作主題的時候要適當引用資料佐證，也要注意分段落，每一個段落不要太長，最好一段不要超過兩百字，會比較好閱讀。

另外，也不要用太長的句子，重複的句子也不要太多。有些人為了增加字數，會把同一句話不停的換句話說，這樣對你的內容並不會有幫助。

3 結尾：將前面的研究結果清楚呈現，並且提出自己的見解與感想，同樣篇幅不需太長。

專題報告的格式

專題報告的特色之一，就是必須按照嚴謹的格式來表現。因此，學習專題報告的第一步，就是理解格式中每個項目所需要撰寫的內容。

專題報告的格式除了前面所談到內容的三大部分之外，還有封面頁與引註資料。這兩個部分要怎麼製作呢？

◆封面頁

如果你要撰寫的專題報告是作業或投稿，在稿件的最上方，應該是封面頁。封面頁必須包含了篇名和作者資料，記得不要加上任何圖片。

◆引註資料及參考資料

撰寫專題報告時，不但要「言之有物」，也要「言之有據」，因此每一篇專題報告都需要附錄引註資料及參考資料。引註資料及參考資料包括書籍、期刊、報紙、影音資料或網站資料，都應該條列清楚，並註明來源，方便讀者找到原始資料參照。

專題報告是指篇幅、格局較小的論文，能夠培養你的訓練你思考主題、提問問題、搜尋資料、組織邏輯、最後形成結論、產出研究的成果與自己的見解等基礎的研究力。

專題報告的格式，可以歸納為了「封面頁＋前言、正文、結論、引註資料和參考資料等四大段落」。

專題報告的題目可以用提問聚焦法，來抓出焦點。

撰寫專題報告時，很重要的是要「引經據典」，在內容上應該特別強調資料的引用出處。

延展練習

1. 上網收集三篇專題報告的範例，閱讀後，寫下五百字的閱讀心得。

2. 對你來說，撰寫專題報告，最困難的部分是什麼？為什麼？

3. 除了為日後升學做準備，你認為撰寫專題報告對自己有什麼幫助？

4. 如果請你參加專題報告比賽，你會選擇什麼題目投稿？為什麼？

痛點 7

寫專題報告時，不會收集資料……

收集資料和整理資料，
是寫作專題報告
很重要的關鍵步驟哦！

好！我們就先從網路上……
找看看土地公廟的資料吧。

網頁
圖片
約有 1,490,000 項結果
我的媽呀！這麼多網頁，要看到什麼時候啊？
試試看，也把社區名稱加入搜尋吧。
好有趣喔。
呼，範圍總算小多了。

嗯嗯……資料也不是很多。
只知道這間廟最早可以追溯到清朝而已。
宮廟

問電腦查不到，
你們可以去問人啊！
問誰啊？

當然是去找那位老廟公啊。
我才不要咧！上次踢破他的花瓶，
被他罵到臭頭，還被我媽處罰一個禮拜沒有零用錢耶！

我也不要，我最討厭訪談，不知道要問什麼，
不過，我可以去圖書館找資料
那我去問他好了。

就這樣，三人開始分頭尋找資料。
銘宏從圖書館下手。
靖潔負責採訪。
彥鈞負責拍照。
啪！

這樣的照片量
應該夠了。
彥鈞……
有件事我想
拜託你。
你看到廟前的
那個小水溝嗎？

裡面有一隻錶，
你可以幫我撈起
來嗎？
我才不要把手伸
進去那個髒水溝！

拜託……
請你幫我最後
這個忙，
時間已經快要
來不及了。

……
唔……
今天的欣欣，
是怎麼了啊？

你知道怎麼找資料嗎？

在前面的單元，我們提到了專題報告的特色之一，就是「言之有據」，因此，收集資料，就是撰寫專題報告很重要的步驟。

銘宏、靖潔與彥鈞三人組決定要以社區裡的土地公廟作為專題報告主題，下一步就是收集寫作所需要的資料。他們上網後，卻發現資料不多，必須再透過其他的方式來尋找資料。

當你在著手寫專題報告時，你知道怎麼找資料嗎？資料找到後，如何判斷內容的真實性？又該如何使用到專題報告中呢？

我該如何決定資料的範圍？

當你根據前一個單元，學會了怎麼制訂題目以及安排架構之後，接下來就要針對內文主題加以思考；因為只有主題確定了之後，才能決定你尋找資料的方向。

以「莫札特作品『魔笛』的創作過程與影響。」這個題目而言，該怎麼抓出研究的方向？這時候你就要發揮你的邏輯與聯想力。

想一想，同樣問自己三個問題：例如，一個作品的形成會受到什麼的影響？這個作品怎麼被創作出來的？一個作品能產生影響要透過哪些方法？想好這些問題，你就可以規畫出你的三大主題：

1. 魔笛創作的社會背景。

2. 魔笛的創作經過。

3. 魔笛第一次發表的結果以及後續的影響。

主題確立後，就可以開始收集相關的資料，這些資料不僅可以幫助你更了解你的主題，把資料引述到文章中，更可以讓你的敘述更有依據、更強而有力。但是，你知道怎麼收集資料嗎？

三步驟，收集完整資料的小技巧

收集資料是做專題報告很重要的步驟，不管你的報告是屬於需要現場實地探訪的，還是需要作科學實驗的，我們都可以透過收集來的資料，知道想做的研究有哪些東西可以參考？別人做過什麼？我做的有什麼不同？以下有幾個收集資料的方式，會對你的專題寫作有幫助。

1 搜尋管道

撰寫專題報告時所需要使用的資料，根據來源，大致上可以分為網頁、參考工具書、圖書、口述資料等四大類：

撰寫專題報告可利用的搜尋管道

資料來源	內容	搜尋管道	特性
網頁	一般的資訊、包括新聞、統計數字等	使用搜尋引擎如google、yahoo、yam，用關鍵字搜尋。	資料數量較多，因此關鍵字越精準越好，使用前最好要再三確認網路資料的正確性。
參考工具書（如年鑑、百科全書）	提供背景資訊、事件的整體概況、統計、書目資料。	利用圖書館的館藏目錄，以關鍵字進行搜尋。	
圖書	提供該主題相關較為深入的分析資料或參考文獻。	利用圖書館的館藏目錄，以關鍵字進行搜尋。	
口述資料	詢問專家，或是跟主題有關的人物。	訪問	可彌補書面資料的不足。

正式的論文寫作，收集資料的管道，除了以上四大類，還包括了報紙、雜誌、專業期刊、會議論文等，如果你也想透過這些管道尋找資料，可以直接詢問圖書館的工作人員。

如果你還是不知道從何著手收集資料，可以請師長或家人提供意見。

現在，根據你的寫作大綱，想一想，你要使用哪幾個管道收集資料，為什麼？

我要使用：

□網頁　□參考工具書　□圖書　□口述資料

□其他＿＿＿＿＿＿（可複選）

原因：＿＿＿＿＿＿＿＿＿＿＿＿

2 搜尋技巧

當你決定好資料收集的管道後，除了口述的採訪之外，網頁或書籍上的資料收集，你可以利用以下幾個技巧來幫助你找到自己真正需要的資料。

1 網頁搜尋法：

如果你使用的是網頁搜尋，每個不同的搜尋引擎都有一些特別的搜尋指令。除了直接輸入要收集的主題之外，這裡介紹幾個透過 Google 收集資料時，好用的搜尋方式：

◆「**關鍵字**」「**空格**」「**關鍵字**」：這個方式可以幫你連結擁有前後這兩個關鍵字的網頁，找出更多精確的相關資料。例如，你想找給中學生的專題寫作時，你就可以下「中學生　專題寫作」，就可以找到比「中學生專題寫作」更多的資料。

◆「**關鍵字**」「**空格**」「**-**」「**關鍵字**」：這個方式可以幫你排除掉你不想要的資料，例如，當你想要找「專題報告」，但想要排除掉高中的資料時，你就可以輸入：「專題報告 -高中」，你會發現所有提到高中的相關網頁都不會出現了。

◆「〝**關鍵字**〞」：這個方式可以讓你找到完整字詞的資料，例如當你想要找中學生專題寫作時，如果你直接輸入「中學生專題寫作」你會發現收集到的並不是完整的字詞，有可能出現「中小學生專題寫作」這樣的資料。但是當你打上〝中學生專題寫作〞時，只有跟你輸入的關鍵字一模一樣的資料網頁才會顯現出來。

2 關鍵字怎麼找？

關鍵字是收集資料的關鍵，但怎麼選擇關鍵字是需要一些聯想力的。以美國小姐為例，當你輸入「美國」、「小姐」這樣的關鍵字，收集出來的資料不是太多，就是不聚焦，如果你得到的資料不如預期，何不轉個彎想美國小姐與什麼有關？試試「選美」這個關鍵字，也許可以幫助你找到與眾不同的資訊。

你也可以篩選第一次找資料時跳出來的資訊，再深入找到你要的關鍵字。以「日本飲食文化」這個主題為例，這是一個相當明確的主題，所以當你鍵入這個題目時，可以找到許多資料。如果想要再從這些網頁篩選出自己想要深入探究的資料，例如日本飲食文化的重要特點：「壽司」、「和果子」、「生魚片」是你想要深入討論的，便可以直接就這三個範圍進行第二輪搜尋。如果最後你想要聚焦在和果子，除了直接輸入「和果子」之外，你還可以運用「日本傳統甜點」這樣的關鍵字來搜尋，透過各種換句話問的方式，會幫助你找到更豐富的資料。

 參考資料延伸收集法

如果你是透過專書或者期刊文章來找資料，記得看完資料以後，一定要注意最後的參考資料，這個部分是作者在完成作品時的重要參考依循，如果你們的主題相近，通常可以從參考資料的列表裡，找到更多你可能原本沒找到的書或期刊資料，就可以進行延伸收集。

3 整理與分析資料

當你開始進行資料收集時，先將你的資料來源分別放在不同的資料夾裡，這些檔案夾就像是一個個放資料的小籃子，像是：網路、期刊、訪查資料等等。假設你的關鍵主題有三個，就用三個大的資料夾將你從不同地方收集到的資料，根據主題，放置到不同主題的資料夾裡，這就是「歸類」。

歸類之後，接下來就要分析你的資料，開始根據主題比較你收集到的資料，這時，你必須仔細思考以下幾個問題：

- ◆ **我收集的資料，都是正確的資料嗎？**
- ◆ **我收集的資料，都跟我的主題有關嗎？**
- ◆ **我收集的資料，都有清楚的來源嗎？**
- ◆ **我收集的資料，我都能清處理解嗎？**

分析資料時，你可以根據以上這些問題，捨棄關聯性少了、不容易理解以及有問題的資料。

在網路時代，大家都非常習慣上網找資料。網路的確提供了一個非常便利的搜尋管理，但是錯誤、偽造的資料也相當多，如果你找到的資料，不同的來源，卻都對同一件事情都有一樣的內容與說法時，就可以先假設這個資料是有效的。但如果你發現資料看起來不合常理、跟多數人寫的不一樣時，最好多找幾份資料確認，若是你仍然感到很疑惑，可以請教師長或家人。

當你把資料清理完畢，試著用自己的話，把你所保留的資料全部重點摘要整理一次。在整理的過程中，還要不斷去尋找和定義「關鍵字」，像是每一份資料裡一直重複出現的字詞、細節，或許這就是你應該在報告裡提到的重點。經過這個步驟的整理之後，就會很接近最後的完成報告了。

另外，為了幫助讀者了解、增進報告的可閱讀性，可以多運用一些能夠將抽象觀念具體化的技巧。

像數字就是一個很好的方式，例如，當你要寫某個事件，例如：「喝含糖飲料，對健康的危害很大。」這樣的說法可能讀者不會有什麼感受。但如果你把資料具體化，引用數據，例如：「根據哈佛大學的研究，含糖飲料在二〇一〇年造成全球逾十八萬四千人喪生。」因為有數字，讀者就可以完全清楚你要表達的東西有多麼巨大。

你也可以運用表格、相關圖片來豐富你的報告，吸引讀者的關注。

整理收集到的資料有什麼好處？

收集研究資料，主要有幾個目的：

◆ **認識主題**

找資料最主要的目的就是收集資訊，為了讓我們全盤了解這個主題是什麼？有什麼？以及其它相關的資訊，力求達到全面的理解。

◆ **看看其它人的研究**

找資料也可以讓我們看到相關的主題，別人怎麼說？他們的見解是什麼？進而反思，那我的研究跟他們有什麼不同？

◆ **讓你言之有據、論之有理**

報告跟論說文一樣，最重要的一環就是論說，除了自己的說法，如果你能再引述有利的佐證、專家的看法、相關的研究，就會讓你的見解更有說服力。

因此，在找資料與閱讀資料的過程中，你可以透過畫重點、列筆記的方式，依照你的主題將相關的有用資訊歸類；書寫專題報告時，你就可以很方便的將這些資訊，安插在適合的段落中。

- 選擇一個你感興趣、也比較熟悉的主題，作為專題報告的題目。
- 題目越具體、清楚，收集資料也會越容易。
- 在收集資料前，最好先擬定大綱；收集資料後，再根據你最後的大綱，來取捨資料。
- 撰寫專題報告時，常見的資料收集管道包括了網頁、參考工具書、圖書、口述資料。

延展練習

1 寫下你平時找資料的管道，並說明理由。

2 找出一個新聞關鍵字，試著在網路上收集三筆你覺得有價值的資料。

3 找一個你感興趣的主題，透過圖書館的館藏目錄，找出跟這個主題有關的三本書。

4 本單元所提到收集資料的管道中，你認為哪一種最有效？並說明原因。

痛點 8

寫專題報告時，該怎麼寫結論……

所謂「有頭有尾」，結論寫得好，可以為整篇報告加分生色哦！

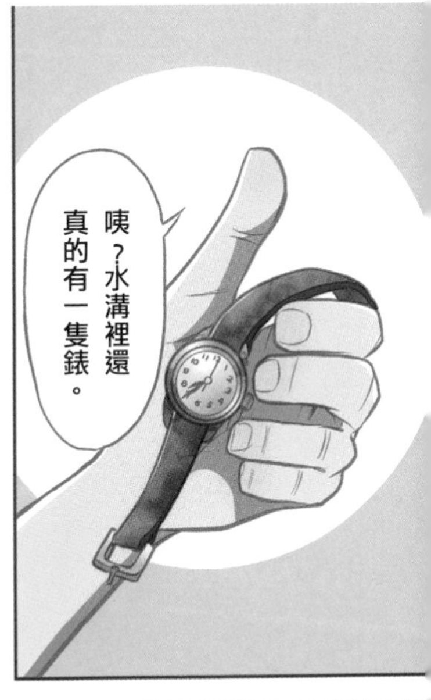
咦？水溝裡還真的有一隻錶。

好舊喔。
還記得你之前打破的花瓶嗎？這隻錶原本就放在裡面喔。

彥鈞，等一下你去訪談雜貨店的老奶奶。
離開前記得要把錶拿給她喔。

拿給她，

她就會明白。

……

……

好了，我把錶拿給老奶奶了。

謝謝～～
欣欣？
飄～

從前……

有個調皮的女孩，
常常和媽媽鬥嘴，

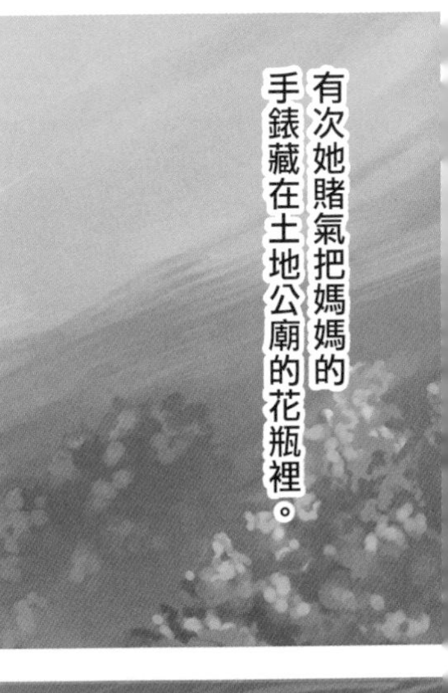

一想到媽媽到處找不到
手錶的樣子，

女孩在上學的路上，
忍不住偷偷笑了。

媽媽，對不起。
我把手錶還給你囉……

喔喔喔！
真不敢相信！我們真的把專題報告寫出來了！
你高興得太早了吧？
結論啊，我們還沒想出來！

嗚嗚，想不到結論這麼難想，已經想了三天耶！
唉唷！結論當然是：「這間土地公廟很有歷史價值，應該要好好保護。」一句就夠了啊！
那不是和別人寫的一樣嗎？

結論只有一句不行嗎？
要特別一點啦！
我已經想到頭要爆炸了！
唉，傷腦筋！
看來這幾個傢伙，還是需要我的幫忙呢！

THINK

該如何寫出理想的結論？

銘宏、靖潔與彥鈞三人透過搜尋鄉誌，以及採訪相關人士，終於對社區裡的土地公廟有比較完整的了解，也一步步的完成專題報告的撰寫。

不過，到了結論這個部分，除了「這間土地公廟很有歷史價值，應該要好好保護。」這種陳腔濫調的結論，他們還想不到該怎麼寫。

結論，是一篇專題報告能否獲得較高評分很重要的因素，很多人到了結論的地方，好像該說的話前面都說完了，或者研究了老半天卻沒能產生自己的見解，或者有了想法，卻沒辦法鋪陳，給報告一個有力的收尾。如果你是這三人組的其中一員，你知道該如何寫出理想的結論嗎？另外，你知道什麼樣的專題報告才能得到比較高的評價嗎？

為什麼結論很重要？

如同前面的章節裡所提到的，專題報告的開頭——前言，目的是在告訴讀者你想要了解的主題是什麼？為什麼你想要了解這個主題？以及你要用哪些方式來了解？專題報告的結論，目的就在於，當你深入的研究、透過各種方式去了解之後，回頭來看最初的問題，你得到了什麼答案？你有什麼發現？以及經過研究之後，你對這個題目有什麼樣的見解。

因此，結論可以說是對整個研究、探索過程的總結。也是讀者除了前言之外，最常閱讀的部分。前言和結論這兩個區塊正是展現這個研究的主旨與成果的地方。

結論很重要，很多人在寫報告時很容易忽略結論，有時是因為時間不夠了，但是，如果中間的過程揮灑得非常豐富而深入，在結論的時候卻草草收尾，結果整篇報告頭重腳輕，會給人虎頭蛇尾的感覺。有時則是因為不知道結論要怎麼寫，便很簡短的帶過，這些都是相當可惜的狀況。

理想的結論，不但能夠總結正文的內容，還能提出問題，並表現自己的創意。結論的內容主要可以分成兩大部分，第一個就是你的發現，這是最主要的部分，包含你發現了什麼？怎麼發現的？第二個部分是你對這個發現的看法，以及這個專題研究的反省跟展望。

要發展這兩個部分的內容，你可以透過以下的四個問題，來幫助你完成一個精采的結論。

四大提問，寫出精采結論

專題報告的結論，可呈現出「研究成果的展現」以及「報告者的見解與省思」，透過以下四個提問，能夠幫助你輕鬆匯整這篇報告的研究重點，寫出精采結論。

1 **做完這個報告，我發現了什麼？了解了什麼？**

結論的目的就是告訴大家，當你做完了這個專題研究，你獲得了哪些成果，也就是你發現了什麼？或者更了解了什麼。

例如，你的題目是「淺談複製人」，在你探討複製人這個議題之後，你發現，複製人在醫療上能夠解決一些疾病帶來的問題，但是複製人又牽涉到道德的問題等等。你就可以條列出你的發現：

1. 複製人的優點
2. 複製人的缺點
3. ……

將這些發現整理好之後，就可以放在結論的第一段。

2 我從哪幾個方面的探索，得到這個發現？

這個部分主要是要說明你的資料收集與研究過程，這也是論文閱讀者會感興趣的部分，簡單陳述研究過程，也能夠幫助你增加結論的說服力。這個部分篇幅不用太多，你可以簡單說明，你透過哪些相關書目的閱讀分析、採訪哪幾位科學家、以及什麼樣的實驗經過，以及這些過程分別讓你獲得哪些資訊，最後得到這樣的結論。你可以這樣整理：

1. 最關鍵的資料：哪一本？資料的重點為何？（可以節錄關鍵段落）
2. 科學家的說法：哪一位？他的看法是？
3. 我做了什麼實驗？實驗的結果是？

3 我對這個發現有什麼看法？

這個部分目的是提出你的見解。寫作專題報告的目的，除了增加知識、訓練研究能力之外，最重要的是希望在這個過程裡激盪研究者的思辨能力。

例如，當你發現了複製人有這些優點、有那些缺點之後，你支持發展複製人嗎？為什麼？你可能會回答：「現階段不支持，因為如同實驗中看到的，目前的技術並不純熟，而且道德問題不能克服等等。或者是，你認為未來還是有發展複製人的必要，因為……」

提出你的看法，清楚說明為什麼你這麼想，會讓整份研究與眾不同。

4 未來如果有機會，我希望針對哪方面做進一步的研究？

在結論的最後，你可以對你的研究提出反省與展望。所謂的反省，指的是在進行專題報告的過程中，有時候受限於時間、資料不足等因素，導致你的成果不夠完美，如果有機會，你會希望如何改善？

展望指的是當你研究這個題目後，從中發現其它有趣的主題，就可以提出來當作未來或者下一次你寫作相關議題時的探討方向。

整理以上這些問題的答案，不管你想用條列式，或者段落式的書寫，都能夠幫助你寫出一份內容很紮實的結論，同時你也會因此對自己的研究主題有更深入的了解，更有自己的想法，不再只是資料的堆砌。除此之外，在找資料的過程中，你也會接觸到許多別人寫的研究文章，多多參考他們的論文寫法，將會對你的專題報告寫作有幫助喔。

我的專題報告能獲得好評價嗎？

不論你的專題報告是為了交作業、參加比賽，或是參加考試；在交件之前，你應該再仔細看過一次文章，確認以下幾個重點，如果你都做到了，這篇專題報告應該就能得到不錯的評價。

◆ **是否能掌握主題**？

就跟寫作文一樣，文不對題，或是離題太遠，會成為專題報告的致命傷，所以文章的內容，一定要符合主題的意涵。

◆ **論點是否前後一致**？

你在文章中所表示的論點、意見，是否前後一致？如果出現前後矛盾，或是不合乎邏輯的缺點，這篇專題報告的評價就會受到很大的影響。

◆**內容是否有創意**？

專題報告不是抒情文，所以重點不在表現優美的文字，而是能否清楚的傳達你思考事情的深度和創意，如果你只是人云亦云，較難得到理想的評價。

◆**文字的表達是否妥當**？

文章中要避免出現錯別字、成語誤用，否則也都會造成扣分。

◆**字數是否在規定範圍內**？

有些專題報告的比賽或考試會規定字數，確認你的字數在規定範圍中，沒有過短或過長的問題。

寫作專題報告時，必須引用資料，加強說服力，但是也要寫出你的意見和看法。

理想的結論，不但能夠總結正文的內容，還能提出問題，並表現自己的創意。

在寫完結論後，請以按照順序，以條列方式，依照資料的來源，根據不同的格式，撰寫引註資料。

一篇出色的專題報告，必須滿足符合題旨、觀點前後一致、展現創意、表達妥當等幾個重點。

延展練習

1 找出三篇得獎的專題報告作品，閱讀後，分析它們的優點。

2 找三到五本書，練習引註資料的寫作格式。

3 參考步驟1找到的其中一篇得獎專題報告正文，練習寫下五百字以內的結論。

4 你認為平時該如何培養專題報告的能力？

第3章

情境習作

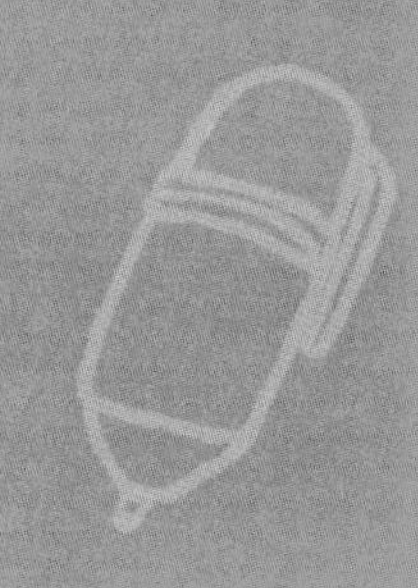

1

大意摘要訓練：

1.請將你最近閱讀過的故事或者新聞事件，分別用十句話、五句話、三句話以及一句話將大意描寫出來。

◆十句話

◆五句話

◆三句話

◆一句話

2. 請根據上題所選擇的故事，回答以下的問題：

◆ 你喜不喜歡這個故事，為什麼？

◆ 你最喜歡哪個段落？主角人物，為什麼？舉例說明。

◆ 這個故事讓你印象最深刻的是什麼？為什麼？

◆ 你覺得這個故事想要告訴你什麼？

◆ 如果你是故事中的主角，你會怎麼做？

◆ 這個故事讓你聯想到什麼？

2 一題數寫

以下是國中教育會考中曾經出現過的作文題目，請你挑一個題目，根據先前我們提到的一題數寫的方式，想一想，你能想出幾種不同的書寫角度，以及你可以用哪幾種文體（記敘文、論說文、抒情文……）來描寫。

題目：我想開設一家這樣的店

說明：請先閱讀以下資訊，並按題意要求完成一篇文章。

我的夢想是開一家書店，木質的書櫃、三張亮黃色的沙發，每個星期只賣同一本書，希望客人可以慢慢讀出這本書的趣味。

BOOKS

開一家店，可能是為了實踐某個夢想，也可能是為了滿足生活中的各種期盼。你想開設一家怎樣的店？為什麼要開這家店？它又會是什麼樣貌？請以「我想開設一家這樣的店」為題，具體寫下你的想法。（109年國中教育會考寫作測驗題目）

題目：我們這個世代

說明：請先閱讀以下提示，並按題意要求完成一篇文章。

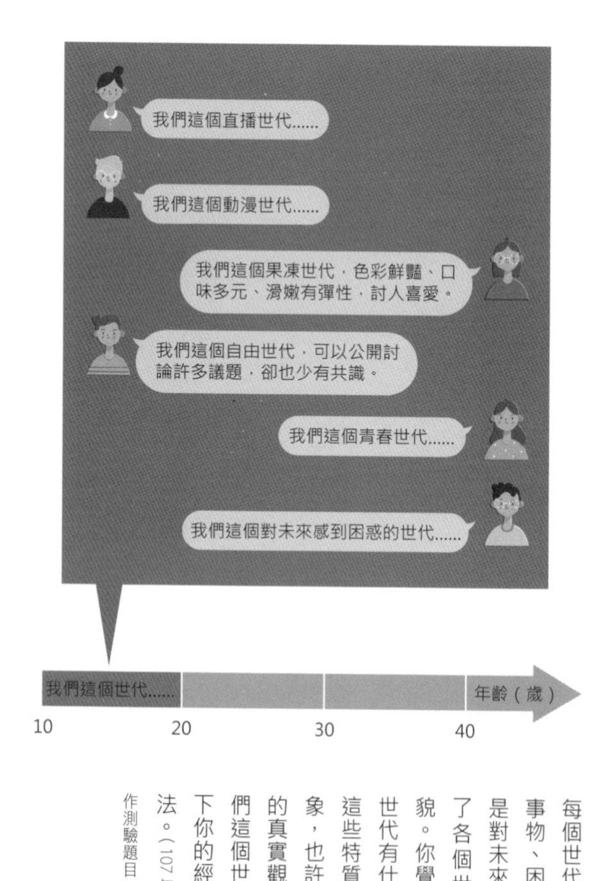

每個世代都有其關注的事物、困擾的問題，或是對未來的想像，構成了各個世代的精采面貌。你覺得自己的這個世代有什麼樣的特質？這些特質也許是刻板印象，也許是你身處其中的真實觀察。請以「我們這個世代」為題，寫下你的經驗、感受或想法。（107年國中教育會考寫作測驗題目）

題目：未成功的物品展覽會

說明：請先閱讀以下資訊，並按題意要求完成一篇文章。

落選的科展作品

內裝過濾棉的塑膠瓶、連結著太陽能板，是當年落選的科展作品，仍還是珍藏著……

廢棄的魚缸

裝著造景小石子的魚缸，搖晃時還會發出清脆的聲響。即使當時養魚失敗了，還是學到許多寶貴的經驗……

一連串失敗紀錄的照片

經歷一次次的嘗試，這十幾張照片，代表著製作創意蛋糕一連串失敗的過程。現在仍樂此不疲……

被拒絕的紀念服

印有兩人燦笑合照的霧灰外套，是與姊妹淘吵架後，想和好卻被拒絕的贈禮。現在已經塵封……

如果邀你省視自己的過往，參加「未成功的物品展覽會」，你準備放入一項什麼樣的展品？在外觀上，它有何特別之處？在情感上，它對你的意義又是什麼？請寫出你的經驗、感受或想法。（110年國中教育會考題目）

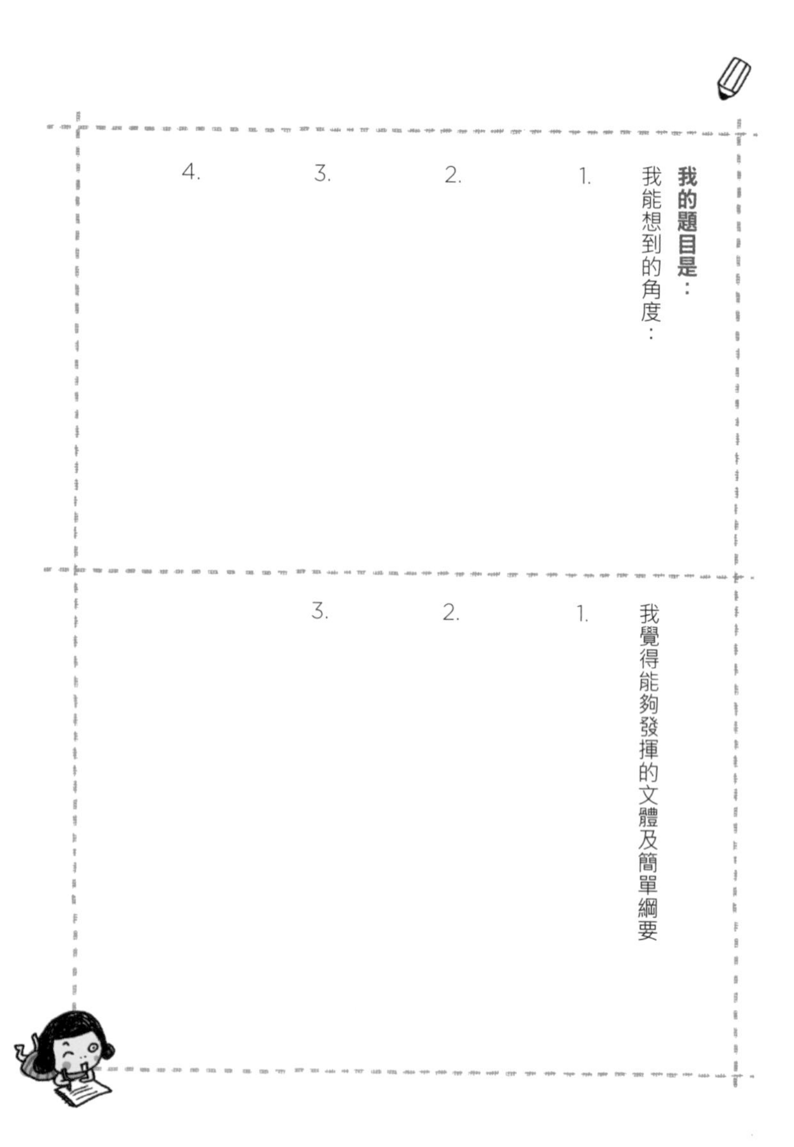

我的題目是：

我能想到的角度：

1.

2.

3.

4.

我覺得能夠發揮的文體及簡單綱要

1.

2.

3.

3

請根據上題你所挑選的題目，選擇一個角度與文體，分別寫下你想要使用的開頭法、你想要寫的題材以及你的文章安排，寫完以後，請完成這篇作文。

作文

- 我選擇的角度與文體是：

____

- 我想要使用的開頭法是：

____

- 我選擇的主題是：

____

- 我的段落安排及大綱為：

第一段

第二段

第三段

第四段

____

13 歲就開始❹

給中學生的
專題寫作術

一輩子都需要的關鍵寫作力，現在開始學習！

作　　者｜謝其濬
漫　　畫｜漢寶包
插　　畫｜水腦
協力指導｜陳安儀 & 安儀多元寫作班

責任編輯｜張玉蓉
特約編輯｜游嘉惠
封面設計｜陳宛昀
行銷企劃｜王予農、林思妤

天下雜誌群創辦人｜殷允芃
董事長兼執行長｜何琦瑜
媒體暨產品事業群
總 經 理｜游玉雪　副總經理｜林彥傑
總 編 輯｜林欣靜　行銷總監｜林育菁
主　　編｜楊琇珊　版權主任｜何晨瑋、黃微真

出版者｜親子天下股份有限公司
地址｜台北市 104 建國北路一段 96 號 4 樓
電話｜（02）2509-2800　傳真｜（02）2509-2462
網址｜www.parenting.com.tw
讀者服務專線｜（02）2662-0332　週一～週五：09:00~17:30
讀者服務傳真｜（02）2662-6048
客服信箱｜parenting@cw.com.tw

法律顧問｜台英國際商務法律事務所．羅明通律師
製版印刷｜中原造像股份有限公司
總經銷｜大和圖書有限公司　電話：（02）8990-2588

出版日期｜2013 年 5 月第一版第一次印行
　　　　　2022 年 8 月第二版第一次印行
　　　　　2024 年 3 月第二版第五次印行
定　　價｜380 元
書　　號｜BKKKC209P
I S B N｜978-626-305-251-2（平裝）

訂購服務

親子天下 Shopping｜shopping.parenting.com.tw
海外．大量訂購｜parenting@cw.com.tw
書香花園｜台北市建國北路二段 6 巷 11 號　電話（02）2506-1635
劃撥帳號｜50331356　親子天下股份有限公司

國家圖書館出版品預行編目(CIP)資料

給中學生的專題寫作術：一輩子都需要的關鍵寫作力，現在開始學習！/ 謝其濬文；漢寶包漫畫. -- 第二版. -- 臺北市：親子天下股份有限公司，2022.08
192 面；14.8x21 公分. -- (13 歲就開始；4)
ISBN 978-626-305-251-2(平裝)
1.CST: 漢語教學 2.CST: 寫作法 3.CST: 中等教育

524.313　　111008187